U0141372

平衡與快樂

發現達成心願的方法和意義

張世橋

推薦序一

Susan Mackie

蘇珊麥基女士

　　這本書宛如一顆璀璨的寶石，蘊藏著豐富的生活哲學、實用的策略以及引人入勝的故事，闡釋了如何讓改變發生，同時也提供各樣的靈感。它並非一套追求特定目標的步驟指南，而是一本融合了實用工具與生動故事的寶典，旨在助力你探尋自身的心願與追求。

　　這本書能成為你一生的良伴。它涵蓋了人生旅途上可能遭遇的各種挑戰，並為你總結了他人的寶貴經驗與智慧。這本書並非單純鼓吹盲目樂觀或僅憑意志力達成目標，而是深入探討如何透過調整心態和應用合適的方法來實現自己的心願從而讓工作與生活更平衡和成功。真正的成長源於透過學習和解決問題時邁出的每一小步，也應側重提升內涵而非表像。

　　書的內容源於對這個問題的探究：活得怎麼樣？有時，我們會感到生活節奏飛快，彷彿置身於一場永無止境的忙碌之中，似乎別無選擇，缺乏明確的方向。而這書會讓你反思現狀，探索更多的選擇與可能性。請你隨性地翻閱這本書，認真完成其中的練習，並無所顧忌地記錄你的所思所感。

當你身處不安與不確定的時刻，請摒棄本能的恐懼與焦慮反應，改以一顆好奇的心去探尋接下來我能嘗試些什麼？要回答這個問題，我們要對未知的可能性保持開放的態度。向自己提出深刻的問題，並作各樣的嘗試去探索不同的可能性。透過微小但持續的步伐，你將不斷前行。

本書是指引你人生旅程的絕佳伴侶——它能夠在沒有既定終點的旅途中讓你不停進步。生活總會不斷地拋出新的挑戰，而這書正是你應對不確定性、把握可能性與發現機遇的智慧源泉。

Susan Mackie 蘇珊麥基女士
成長型心智研究院 Growth Mindset Institute 聯合創始人
卡蘿．杜維克史丹佛大學教授心智研究小組重要成員

推薦序二
吳東龍

東喜設計工作室負責人

　　認識世橋是在疫情爆發前，那個忙碌的2019年。透過好友的介紹，為他當時出版的熱血作品《一切從笨豬跳開始》主持了兩場公開的新書分享會。他分享了克服萬難，實現願望清單的親身經歷，令我感佩。也在這樣的緣分之下，讓我深刻地感受到他對生命豐沛的熱情。

　　後來疫情開始襲來，隔絕了彼此的聯繫。但在今年又聽到他有新書即將問世，再度被他源源不絕的夢想執行力所感動。而當我讀完他的新作，才瞭解到即便在疫情肆虐期間，他在封控中還是過著極度積極和充實的熱血生活，也在此時完成了這本探討關於工作、家庭與自我實現之間的平衡的著作。他從「心態」出發，破解大家對於遲遲無法改變的現況與想做的事物總是躊躇不前的問題，並藉由種種自身研究過的「方法」，探索大家在執行上常出現的盲點和怎麼跨越門檻，最後是如何能持之以恆「持續」接近目標，甚至達成目標，使人生更為完整，生活更加美好，內心也更快樂。

　　我認為世橋已經從挑戰自我實現的階段，進階到了人生教練的身

分,一步一步地悉心叮嚀、完成助人達標的任務。我也在這書中的許多例子與剖析裡學到很多方法,深表認同。我認為即便我們身處不同的成長與求學背景、擁有不一樣的工作模式與生活方式,我們每天努力用不同方式去解決問題、思考如何把生活過得充實精彩、以及用正向態度來擁抱夢想的精神,原來都是一樣的。在這本書裡,激盪起心底的聲音也再度喚起了我的熱情。

我越來越相信,有些人就是能夠散發出驚人能量,並身懷著透過許多不同的管道與形式去影響他人的能力,而世橋就是有著這樣的特質。他兼具理性與感性,有著高度的自制力,總是樂在學習、常閱讀與不斷拓展生命的體驗,且樂於分享更不吝於鼓舞他人。但他也懂得在給自己挑戰向前的壓力之餘,不忘適時地給自己鼓勵。如果你的身邊有這樣的朋友,一定會讓你充滿啟發且能量滿滿,但如果沒有,閱讀本書也會有同樣的收穫。

我開始好奇世橋在吃出腹肌、挑戰完113鐵人三項之後,下一步還有什麼計畫,值得期待也寄予祝福。

吳東龍先生
台灣著名設計工作者,具有近 20 年的設計資歷,並從事出版、編輯、講座、展覽、廣播、教學、自媒體與選品等多方位業務,近期著作為《東京再發現 100+》。

各界推薦

　　這本書不僅是一部珍貴的指南，更為我們帶來不少的啟發。作者所追求的生活宛如一場鐵人賽，雖然過程艱辛，但所獲得的滿足感卻令人羨慕，而我也深受啟迪。本書有不少篇幅談到「如何」實現心願，閱讀時我想到一直寄予孩子的厚望原來很多都是自己未了的心願。閱讀後我想何不從自身出發，隨之定了幾個心願，包括鍛鍊、寫書、到國外任教、辦一個社會責任組織以及環遊世界。借此分享這些心願也是參考了作者的方法，給自己正面壓力！

　　我誠摯推薦這本書，尤其適合那些對自己有要求、不滿現狀、渴望活得精彩的人！

石義強 教授　香港理工大學商學院教授

　　這書是「人生教練」，也是一本生涯規劃和成長的手冊，讀者可利用書中的理念，為生命帶來更多幸福感，讓工作、家庭和個人得到更好的平衡。作者用簡單的文字把心理學的理論巧妙地應用在書中，

如延後心態及成長型心智。我們不能改變過去但可以為餘下生命添加精彩，可是我們得先調整自己的心態和找到合適的方法。作者透過自己和別人的實際經驗制定了有用的工具帶領讀者去試煉。感謝世橋以文字實踐「以生命影響生命」這有意義的使命。希望各位讀者和我一樣享受閱讀本書和發現它的內容對你有裨益！

張美寶 博士　臨床心理學家

我很認同作者書中提倡的理念：調整自己的心態追求自己的心願，慢慢的總會找到落地和實踐的方法。在過程中隨著自己的成長和環境的變遷，隨時都會有新的機會或創意靈感，透過摸索和試誤的過程中達到目標，找到了成就感，讓人生充滿樂趣和信心。這樣的自我實踐，也平衡了工作、家庭、社交和生活。這是一本能釐清觀念又能提供具體方法，而且容易入手的好書！

夏惠汶 院士　關係動力學院創辦人

一為源，二為物，三為世界。

如何平衡與融合生命的三色，我們總在感知、探尋、發現

世橋先生的三色球，畫面生趣，看似做出了種種假設，但更是生命的感悟，照亮你我。

孫雲立　上海市高等院校海外交流聯誼會秘書長

本書的第一章已深深打動我，因為我重視工作和家庭以外的個人歷練與成長，就是書中提到的「第三個球」——自我實現。這是一本作者邀請讀者一起參與的作品。你不需要花上大半天來閱讀，只需騰空一刻的思考時間，翻開這書，跟著他的坐言起行，下點功夫向人生各個目標邁進吧！

黃珮瑤 香港大學校友事務總監

世橋編寫這本人生經驗閱歷的分享，讓讀者有條理的學習規劃，如何實現人生的願望清單，讓我們認識，如何有效率的掌握自我空間和時間，在工作及家庭以外提昇自我能力，增進自己的見聞及自我成就感，繼而兼顧家庭及事業的成功。

斯夏齡 麗舍生活執行長

從《一切從笨豬跳開始》的精彩願望清單後，Sidney的第二本大作，充分將人生中如何執行目標和願望的實際做法，有效地提出解決方案，充分顯示出作者不但具有浪漫的情懷，更擁有無比理性的實作力！

汪麗琴 未來式有限公司負責人

人通常要在40歲之後，才會深刻體會「健康」的重要性。於是我將健康的心願歸納成四個種子（SEED），分別是Sleep 睡眠、Exercise 運動、Emotion 情感以及Diet 飲食。讀完Sidney這本新書，不只從中獲得了「健康心願」的共鳴與呼應，更重要的是Sidney告訴我們要如何做才能「播下種子」，透過【心態》方法》持續】三步驟來實現你的心願、設計你的人生。

林峯白　習翌設計共同創辦人／paoboo 無斷日跑者

作者展示了我們在職業和個人生活中努力發揮全部潛能的意義。他生活中的故事既引人入勝，又富有教育意義。

塞繆爾‧瓊斯 博士　華頓商學院高級總監

自序

　　謝謝你翻開這本書。如果你覺得以下這些感受似曾相識，那這本書將能幫助你。

　　工作忙碌，很多工作以外想做的事我都沒時間完成……

　　週末家裡有各種雜事，沒法真正休息……

　　明明把工作和家庭都管理得當了，但卻覺得少了點什麼……

　　吃喝玩樂的機會有很多，但是歡騰過後反而覺得空虛……

　　真正快樂的時刻越來越少……

　　有上面的感覺你並不是例外，我偶爾也會有。但我發現多花點時間想想自己的心願，然後想辦法完成，就能減少類似上面這些負面困惑。完成心願是一種自我實現，可以給忙碌的工作和家庭生活提供平衡和自我價值。如果這些心願和愉悅、分享、回憶、成就感，甚至人生意義相關的話，還會增加我們整體的快樂。達成心想所願，可以讓我們平衡和快樂。

　　2019年出版的《一切從笨豬跳開始》收集了我達成心願的故事。出版後數十個分享會中和讀者的互動讓我不停地反思，完成更多

心願的意義和方法，這些也成為了本書的內容。如果說上一本書是關於心願清單的 What（是什麼）的話，那麼這本書的主要部分就是心願清單的How（怎麼做）。這就是本書的第二到第四部分的各篇：心態、方法和維持。我把心態放在第一位是因為沒有合適的心態，就算有更好的方法，我們也會難以達成目標。

本書的第一章是心願清單的Why（為什麼）。我也虛構了一個人物，和一些我們常經歷的場景。我也請了特別喜歡畫畫，執筆時六、七歲的女兒，用她自創的人物和獨特的手法，把這些場景畫出。希望透過這最簡單的手法來道出為什麼我們需要有自己的心願，為什麼完成心願可以幫我們平衡人生並獲得快樂。

最近和友人聊天，他們談到將來退休後不知道有什麼可做來打發時間，我卻說有很多事可以做。在書的第五部分我也給出一些怎麼尋找自己的心願和夢想的建議，當然這些心願不用一定等到退休後才開始考慮。而在最後我還是寫了幾個關於我在疫情盛行時完成的心願，這延續了《一切從笨豬跳開始》的故事集，但我更希望表達的是就算

外界難以控制，我們也要思考什麼是有意義，更不要停下腳步去完成這些重要的事。

　　書中的建議有一些是我的經驗之談，有一些則是我在完成某些心願時搜索來的網路資訊。有些建議，我已經經常使用，而有一些則還是我努力的方向。這並不是一本參考書，其主要目的是打開讀者的心扉。如果你對某一些內容有興趣的請繼續自行研究，也歡迎和我繼續討論。我也創造了很多和內容相關的表格，希望讀者可以邊看邊思考，並記錄自己的心得。之前和推薦序的撰寫人蘇珊聊起來，她說我應鼓勵讀者在閱讀完後也寫出自己的心願和完成的歷程。書的最後我也特意留出幾頁筆記頁面，希望你也能記下閱讀時你想到的心願並記下達成的經過，我更希望你能發送到我的郵箱，也許這會是我下一本書的題材呢。

　　希望各位能享受閱讀本書，並從此得到啟發。最後祝大家心願達成！

張世橋　2024年10月

目錄

第一章

平衡

常聽到Work-Life Balance，工作和家庭的平衡這個理念。但這兩方面都是充滿壓力的，我們或許可以透過時間管理兼顧工作和家庭，但是否能做到心裡面真正的平衡？這一章我用了一個虛擬的角色和典型的情節來說明工作和家庭常見的壓力。人生只有工作和家庭似乎難以獲得真正的平衡。我用這個虛擬人物說明可以用來平衡人生的第三方面，自我，或也可以理解為自我的心願清單或自我實現。有了來自第三方面的力量，甚至可以幫助到家庭和工作。

Work-Life Balance 確實是很多人關注的話題，網上也有不少和這個詞有關的學術文獻，而各樣的網路文章和分享更是多不勝數。翻開這些文章的內容，不少都會給出工作和生活平衡的提示，而在描述生活的方面時，這些文章經常會偏重於描述家庭。家庭確實是生活非常重要的一個部分，但除了家庭外，生活，還有什麼需要平衡嗎？

我們經常聽說一些能把工作和家庭都兼顧得很好的人物，故事很多都和女性有關，這些女性也常被稱為超級媽媽，而能把兩方面都平衡的人也成為很多人學習的榜樣。可是卻有研究發現能做到這種平衡的人並不一定感到特別幸福。要拿兩個本身就讓人有壓力的方面來互相平衡，顯然不是容易的事，真正做到了的人，他們無時無刻不在想做到完美，卻感受不到自身的自由，甚至會感到無助。

就算讓這兩件事做到了平衡，幸福感卻得不到增加，那是不是缺少了點什麼？可口可樂的前CEO布萊恩．戴森在1991年佐治亞理工學院畢業典禮上的致辭提到，人生要拋好五個球，這個比喻直到現在還廣為流傳。他說的五個球是工作、家庭、健康、朋友和心靈，這個拋球的比喻我在之前的一些訪問中有用過，我的拋球說法倒是簡單一點，只有三個球，頭兩個球依舊是工作和家庭。但第三個球就是我在第一本書裡面所說的，可以說是心願清單，或說是經歷，也能稱之為自我實現。這第三個球也可以幫助到工作、家庭、健康、朋友和心靈方面。這三個球都有可以對應的顏色來表現它們的特性。下面透過女兒的插畫把我們拋每個球的典型經歷表示出來。

紅色球

工作

顏色代表：權力、危險、憤怒、壓力、煩惱

回想一下
畢業的那一天

世界有無限的可能！

我決定要好好的工作
建立自己的事業！

我的表現非常優秀

我獲得晉升了

我感覺
我越來越有權力了

但有時候工作
也有不如意的地方

工作充滿了各種壓力，
讓我喘不過氣

有時候感覺自己
像一個快爆炸的氣球

工作的壓力
有時候讓我憤怒

有時候也讓我疲憊

而且位置越高
越有危機感

工作上失意時，
會對自己充滿懷疑……

越想解決這些壓力和困惑，卻越找不到出路

家人朋友
是傾訴的對象

除了和別人溝通，
我還能做點什麼讓自己快樂些？

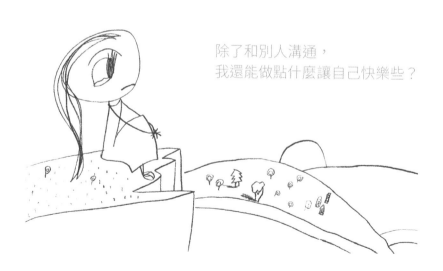

藍色球

家庭

顏色代表：避風港、平靜如海、隱藏著暗湧、憂鬱

工作後另一個重要目標
就是結婚了

剛結婚時，愉悅又浪漫

工作越來越忙，
經常見不到另一半

工作時也會想到
和另一半在一起的
快樂時光

家庭是工作的避風港

但各自的優先
讓家裡矛盾頻發

時間差不多了，
我們生個小孩吧

小孩出生後，
帶來很多的喜悅

工作若遇到不如意，
想到家人會讓自己心情好點

孩子慢慢地長大，
要擔心他的學業

工作繁忙也要陪小孩玩耍

還要帶孩子去各種
小孩不一定想去的培訓班

感覺沒有自己的時間了，
有時會迷失自我

小孩長大
進入反叛期

和小孩的共同話題
也少了

家庭有時候
會帶來憂鬱

天秤

經常聽到 Work-Life Balance

在工作上都是壓力

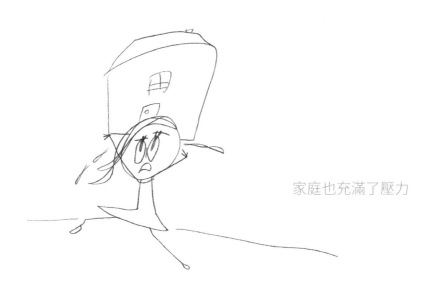

家庭也充滿了壓力

兩種壓力存在時怎麼可以有平衡？
天秤是不容易達到平衡的？

什麼形狀平衡性最好？

想像一下拍照用的三腳架。
不管你怎麼放它都不倒，
甚至三條腿長短不一，
它都能立起來

我們除了工作和家庭，
還要有第三方面來平衡自己

綠色球

自我

顏色代表：廣闊、自然、感受、可能

我們的地球
也是第三個綠球！

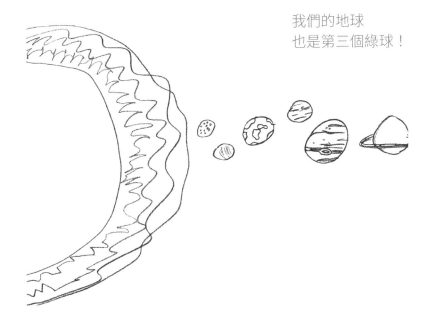

這裡有廣闊的原野

有我們喜歡的大自然

世界那麼大，
充滿著各樣的可能

這裡有增加我們
腎上腺素的刺激

也有我們想遊歷的地方

想參與的活動

想完成的挑戰

想學的知識

也有和家人一起的難忘時刻

有了自己的興趣，可以找到更多志同道合的朋友

我們的經歷多了，
自己成為更有趣的人，
會有更多的人
願意和我們交往

可以用自己的愛好
為孩子樹立榜樣

並可以在挑戰中
讓自己更自信，為工作加分

這裡還蘊含著
等待我們探索的
人生意義

我們也因為完成與愉
悅、成就感及人生意
義相關的心願,而更
加快樂

就這樣嘗試
拋好這三個球！

　　關於如何經營好家庭和工作，市面上已經有大量書籍，而關於平衡家庭、工作和自我幾方面的書籍卻較少。接下來我將透過不同的真實故事，一一分享過往各個分享會中談到的關於如何更好地實現自我的方法。希望大家讀完後，會知道綠色球的重要性，並知道怎麼樣在拋這個球時，不影響另外兩個球。

第二章

心態

常聽到很多人有不同的心願，但卻總是完成不了，甚至連第一步也沒有踏出。比方說很多人不滿意自己的身材或體重，想要減肥，明明知道要少吃和多做運動，卻無法成功。缺乏正確的方法可能是原因之一，但更為重要的原因是少了所需的心態。有了合適的心態，我們就會有實現心願的原因，甚至產生強大的信念。就算當前方法不對，我們也會因為有強烈的原因而努力尋找更好的方法。這一章是關於我們踏出達成心願第一步的方法。不管我們想達成的願望是減肥，學一樣樂器還是和父母出遊，有了合適的心態和更深層次的原因，心願就會更自然地展開和達成了。

是什麼決定時間的多少？

Attitude is a little thing that makes a big difference.

—— Winston Churchill

　　嚴重急性呼吸道症候群（severe acute respiratory syndrome，SARS）橫行的2003年，也是我從商學院畢業後的第一年，我好不容易在網際網路泡沫化後經濟疲弱的環境下找到待在美國的工作，以為達成了一個大心願。那時我剛好負責亞洲的一些案子，因為接洽窗口都在亞洲，公司還特意安排了我在家辦公，讓我更靈活地安排作息時間。那時因為疫情無法出差，我在美國也不用到公司上班，只能待在家工作。晚上我和亞洲的同事溝通，白天處理一些文書，別的時間也沒有太多事情可做。當時我是單身，週末有很多自己的時間。這樣的生活維持了將近半年，我有這輩子最充裕的閒暇時間，但現在回想時，我完全想不起當時做了什麼有意思的事。我有很多的時間，卻活成像不曾擁有這段時間一樣。擁有時間的多少和把握時間本身似乎沒有必然的關聯。

常聽說到一些有錢人心裡面不一定富有，一些物質生活不怎麼富裕的人反而活得悠然自得。這些貌似矛盾的現象我們不難理解其中的原因，那就是心態比我們所擁有的財富更能決定我們是否有富足感。同樣的道理，我們就算時間很多也可以活成像沒有時間一樣。相反，忙碌的工作、家庭瑣事讓我們可自行支配的時間少了，我們也可以利用有限的時間讓自己過得更充實，活得更精彩。關鍵也是心態。

是否過得充實、活得精彩，不是取決於我們的時間而是我們的經歷。能讓我們感覺充實的事可以是運動、學習、旅遊、幫助別人、對自己的挑戰、與家人度過溫馨時光等。認定要做的事卻想等有時間才開始，而不是主動找出時間完成，那我們很有可能還是完成不了這些目標的。心態會讓我們做出怎麼利用時間的選擇。

剛剛說到一些不富有的人，也能過著滿足的生活，那是因為他們做了讓心靈滿足的事。讓心靈滿足的事不一定需要花多少錢，同樣也不一定要花多少時間。就算時間不多，也可以有各種讓自己心靈滿足的方法。

我們常聽到的說法是：如果我有時間，我就能做更多的事。但何不逆向思考：就算時間少，我也要找出時間去做我想做的事，時間真的不夠我也盡量想出方法去完成。

所以時間多不代表就能做更多有意義的事（也許因為我們連自己想做什麼都不去想又或者沒有概念，這就像2003年在美國時的

我)。有想做的事情也不代表我們能開展(因為可能被別的事情占去時間)。要改變這種結果要先認清楚自己想做的事,然後為自己想做的事情找出有效的方法並擠出時間來完成。

由

有時間→再說做點什麼事

↓

變成

有想做的事→找出最佳方法→找出時間

2004年回國後,工作越來越忙,我可自行支配的時間越來越少。但後來我嘗試列出自己的心願,再想如何找出時間和機會去完成。時間真的不夠也會多想想有什麼方法可以盡量開展和完成。那時儘管我時間緊張,但卻比我在2003年彷彿擁有無限餘暇時做了更多有意思的事。

決定我們有多少時間的不是時間本身,而是我們的心態。沒有合適的心態,那我們將被選擇、被安排。有了合適的心態,我們會因此做出合理的選擇繼而用各樣的方法來實現願望。

列出很想做但一直沒時間做的

心願	
還沒有達成的原因	
更高效的新方法	
目標的開展時間	

三個球

There is no such thing as work-life balance. The balance has to be within you.

—— Sadhguru

2017年小石加入了新公司，本來滿懷期待，但讓他出乎預料，工作遇到很大的困難。事業失意，小石心情非常低沉，無時無刻不在想該怎麼走出困局，但這些思考並沒有為他帶來太多頭緒。長期的心情壓抑讓他陷入人生低谷，使他鬱鬱寡歡。他變得不喜歡和朋友交流，甚至對小孩也沒耐心了，家庭的氣氛也變差了。由於整天專注在工作的問題上，小石也沒心情去鍛鍊，身體因此變得虛弱。對小石來說各方面越來越不順心，他該怎麼走出困境？

在很多的分享會中，我常被問到如何平衡人生。還有人問，如果生活已經壓得人喘不過氣還從何談起心願和夢想。這是個很現實的問

題，試問如果工作事事不如意，又被家庭的各樣煩惱纏身，哪還有心情去探究生命中美好的目標？

好些分享會中我正在為《一切從笨豬跳開始》做推廣，那是一本關於夢想的書。當被問到如何平衡人生的問題時，我腦海裡頓時出現了一個馬戲團裡雜技人表演拋球的畫面。我們就像這個雜技人一樣要確保幾個球的平衡運轉，不要讓球掉在地上。這三個球是這樣的：

第一個球：工作。不僅是收入的問題，還要考慮工作中的滿足感和成就感。

第二個球：家庭。既需要著重滿足新生家庭（即太太，丈夫，孩子）的感情和物質需要。也需要對原生家庭進行一定的維護。

第三個球：自我。實現自我，比如我在《一切從笨豬跳開始》一書裡提及的各種心願。一些是純粹由自己完成的，關於挑戰和學習的心願，也有一些是和家人一起完成的心願。

相比起三球平衡，大家之前聽得更多的是Work-Life Balance（工作生活的平衡）吧？如在第一章有提及過這兩方面的平衡本身似乎沒什麼問題，但如果我們想像一下天秤或是蹺蹺板這樣通過兩方來平衡的物品，要讓它們真正的平衡其實是不容易的，因為總是會起起伏伏。我們再細看工作和家庭本身，如果我們過於專注這兩方面，也許會把我們的自我無形中抹煞了。在家庭中存在各種各樣的角色，如母親、父親、太太、丈夫等，他們有各種各樣的責任，似乎都是要以他人為優先。而在公司，我們的責任就更多樣了，不僅僅要考慮公司的目標，也要顧及上司的想法和下屬的發展。在這種客觀背景下，就

算家庭和工作有了所謂的平衡，我們為各個角色找到平衡了，但我們內心是否得到了真正的滿足呢？

也如第一章的插圖中問到，相比起天秤，什麼樣的物品更容易獲得平衡呢？愛好攝影的朋友肯定用過三腳架來支撐相機，不是兩腳架也不是四腳架，三腳架的結構是最穩固的，就算三支腳的長度有所不一樣，它還是能穩定地支撐架在上面的相機。我們可以把我們自身的夢想追求看作平衡自己的第三條支架。這樣就算是工作或家庭遇到什麼不如意，我們也有別的事情去寄託，給自己和家人的壓力反而變少了。

大部分人從學校畢業開始工作時，會先考慮工作這個球，然後就會考慮到家庭。漸漸地我們會專注於這兩個球，然後會想，當我們這兩個球都拋得差不多好了，夠熟練了，到時再想怎麼加進第三個關於自我的球吧。但問題是，怎麼樣才叫足夠好？這個問題我在後文「你永遠都不會準備好」裡也會提到，「準備好」經常是個偽命題。另外夢想不分大小，不是說要改變世界的夢想才配叫夢想。就算我們事業未成、家室未立前也可以有心願的吧。

另外，這三個球也能產生相互的正面影響。夢想可以讓我們成為更有趣的人，讓我們的同事和客戶有更多認可我們的原因。工作沒有頭緒時，不代表我們就要花所有時間去糾結工作的不順利，相反，說不定把關注點暫時轉移到心願的完成（如一次跑步的練習或與久久未見的家人聚會）能為工作提供新的想法。夢想的完成也可以傳遞更多正能量給家人，我們的小孩也會因為父母努力地追尋自己的夢想而受

到啟發。而且這些夢想也可以是和家人一起完成的事情，所以也為整個家庭帶來了一些大家共同期盼的目標，完成過程更是日後寶貴的共同記憶。

　　這三個球在我們成年後就可以慢慢形成，而不必等到一個球滾到多大時才開始研究別的球。這些平衡都是平常就可以實現的，並非需要等到哪一方面足夠完善時才能開始想別的，更不應該等到某一個球遇到不如意時才開始發展別的球。當我們自身問題重重，怎麼可能還有心情去想夢想？所以我們最好不要到筋疲力盡時才看自己缺少什麼。當然如何兼顧這三個球也不是容易的事。任何一個球太重或太輕，拋起來用力不平均了反而會更吃力。

　　小石的心情和身體每況愈下，他一直想找到一個出口，但不停思考卻還是毫無頭緒。直到他有一次去體檢檢查出脂肪肝，才被當頭棒喝，決心不能再被工作的不如意搞垮身體。於是他開始跑步並定下每天跑五公里的小目標。跑步後身體情況開始有所好轉，運動的多巴胺也讓他感到快樂和有成就感，他覺得人生有更多的可能性。恢復了信心後，他變得更願意接觸朋友和家人。後來小石聽到我說的三個球的比喻後，他把精力分散，但反而獲得包括工作方面的更多收穫。

三個球的重點和心願

家庭	工作
我的角色	我的角色

自我		
自我╳家庭的心願	我的個人追求和心願	自我╳工作的心願

你永遠也不會準備好

You are never ready for what you have to do. You just do it.
That makes you ready.

—— Flora Rheta Schreiber

　　今天是安娜最渴望的週五，看看日曆後，確認今天沒有什麼重要事項，她可以輕輕鬆鬆地打發時間就下班了。週末又可以睡個懶覺，去她最喜歡的瑜伽店，還可以溜溜狗。但這樣安逸的生活有時候會讓安娜感到自己沒有進步。她一直想嘗試創業，但她也不確定自己是不是已經準備好，說到底自己一直在大公司裡安逸慣了，是不是真的可以應對創業的挑戰？雖然她知道現在手裡的一個創業機會非常難得，自己累積的人脈和經驗也剛好可以用上。家裡女兒也比較大了，她的學業應該不會帶來太大的經濟負擔。但她還是在糾結自己是否準備好，機會成本是不是太高？萬一失敗了該如何面對身邊的人？

我們一生要做很多重大的決定，結婚、生子、換工作、改變職業等。做這些重大決定之前也許我們會問自己是否準備好。那到底什麼樣才叫準備好？

　　根據目標的性質我們要準備好的事項會不一樣，但如果以創業為例，下面的事項應該還是比較重要的要素：

　　生理：體力、時間付出、年齡

　　知識：專業知識、經驗

　　物質：資本、工具

　　環境：市場需求、競爭環境

　　社交：人脈、客戶

　　家庭：家庭的支持

　　心理：心裡的呼喚、熱情（這也許是最重要的條件）

　　那麼什麼樣叫準備好？是所有的事項都要達到100%嗎？我們細想後就會發現沒有一項可以達到100%的，比方說我們可以說自己的經驗越來越豐富，但不會說自己的經驗已經到達100%。其他維度也一樣，我們最多只能說自己相對準備好。

　　我們既然知道沒有完全準備好這一說法，那是否最起碼準備得充分些再開始呢？這個想法也沒什麼問題，可是要再準備多久呢？怎麼樣才算是準備得充分些呢？準備越多，表面上看會讓我們的成功率變高，但準備得越多，就代表等待得越久，那麼別的因素也會隨時間發

生變化，成功的機率也可能因此受到影響。但是有一些事項，我們倒可以比較確切地判斷自己是否準備好。例如我們想創業但是手上的資金還不足以支付家裡的正常開支（如子女的學費），那顯然現在還不是時候。

　　試一下暸解很多成功企業家的理念，幾乎沒有人強調一個人要充分準備才開始追逐自己的目標，但他們卻說了很多關於嘗試、執行力、和如何應對變化和失敗的名言：

　　「我知道我失敗的話我不會後悔，但若不嘗試我很有可能會因此後悔」──貝佐斯（亞馬遜創始人）

　　「如果你有一個想法，今天就開始嘗試吧。沒有比今天更適合開始了」──凱文・斯特羅姆（IG創始人）

　　「最大的風險就是不去冒險」──祖克柏（臉書創始人）

　　類似關於嘗試的名言可以說是多不勝數，它們的中心思想都是開始及嘗試。我們永遠都不會完全準備好，我們最多只能盡力去準備，更關鍵的是相信心裡的呼喚，勇於展開，然後準備應對變化的到來。

　　「You are never ready.」的這句話不單單可以應用在創業上，而是可以應用於所有需要勇氣而開始的事。可能是開始鍛鍊，可能是學習一種樂器，可能是安排一趟和父母共往的旅途，對於這些想做的事，要避免說「等我準備好才去做」。如果真的還有所欠缺，我們可以明確地去規劃要加強的方面，但不能泛泛地說「等我準備好才去做」。不要讓「等我準備」變成不去做、變成遠離夢想的藉口。

安娜最後還是選擇了創業之路，她本以為會有持續很久的不安，結果只經歷了一週的忐忑，她就很快全情投入籌備與運作中。篇首所提到的創業機會，是獨家代理一個兒童音樂教學教材的機會，她和另外兩位合夥人已經認識很久了，他們各有所長，各盡其責。

只會操心柴米醬醋、撫花弄草的閒適女人搖身一變，成了奔赴各個城市，操心公司發展、員工薪資、經銷商合作、產品售後服務等等事情的職場女人。工作是忙些，見識卻全然不同。她還經常拜訪一些老師，開始時常被潑冷水，但她還是耐心把每次拜訪的反饋記錄下來，日後還用在各類宣傳資料上。當初不看好她的產品的老師後來反而成為以後活動的常客，後來有些老師還感謝安娜把這個教材引進國內，替代原本不甚有規律的教材。

她有時後還會回想創業前的各種猶豫，猶豫是不是已經準備好的自己，她笑言是因為看了《一切從笨豬跳開始》讓她砸碎了大公司給的安逸和枷鎖，獲得身心自由。創業帶給她前所未有的機遇和挑戰。結果會如何雖然充滿未知數，但卻比陷在棋盤布局裡有意思和鼓舞人心。

依我看來，安娜的經驗、人脈、產品、市場、家庭條件其實早就具備了。正如篇中所說，她最初懷疑自己是否準備好卻永遠不會有一個肯定的答案，但從客觀角度來說她已具備了相當的條件。但讓她開始行動最關鍵的一點也就是捫心自問後還能得到肯定的創業熱情。這

條件若是沒有了，哪怕是其他因素再完備，安娜也難以成功。反之，安娜對創業的熱情讓她在開始後就算遇到各類的困難也能做出調節和克服，讓自己從不確定變成更堅定。這種熱情也可以同樣應用在篇首說到的一切重要決定以及不管多難完成的心願上。

心願的描述：＿＿＿＿＿＿＿＿＿＿＿＿＿＿＿＿＿＿＿＿＿

條件	自我評價
物質	
家庭	
生理	
熱情	
自我總結	
如果沒有任何一項是自我評價太差，而「熱情」又非常強烈的話，那就應該好好開展了！	

現在的力量

If not now, when?

—— Eckhart Tolle

妮妮一直有個心願，那就是完成一場半程馬拉松。

這是我在寫本文之前和她的對話：

我：這個心願已經存在了多久了？

她：有好幾年。

我：那為什麼一直都沒完成呢？

她：因為一直都沒有訓練。

我：那為什麼不訓練呢？

她：第一、訓練時間不多；第二、沒有設定很詳細的計畫和目
　　標；第三、身體機能還未準備好適應高強度訓練。

妮妮的答案似乎蠻有道理的，但也看得出她解釋時有點慚愧。不
管她解釋的理由是否充分，結果還是一樣，半馬（半程馬拉松）仍只
是一個夢想，甚至是一個幻想。

我們會花很多時間去思考或計畫自己要做的事情和要達到的目標。如果這些目標都是正確的事，那麼可以說確定目標只是為自己設定了終點，如果有了完成的思路也只算是認清了路徑，而執行才是真正讓我們達成目標的唯一方法。

和妮妮一樣，很多人花了時間去思考並定下目標，但在定下目標不久後很快又列出一些不能達成目標的原因。仔細看看這些原因的背後，要麼是缺方法，要麼是缺乏執行力。

在第二章我將會舉出幾個很典型的心願和完成方法。本篇的重點在於執行，也就是說如果你有達成這個目標的方法，該如何執行？達到目標的方法可能是從權威書本上獲得，又或者是從各種的網路資源上收集而來。倘若我們已經有明確的目標和方法了，那樣我們要做的就是按照方法，有紀律地去完成，那樣目標就可以達成了。但成敗的關鍵點往往不是終點不明確或缺乏方法，而是欠缺了有效的執行力。

那該如何提升執行力呢？前文指出執行的最大的阻力是各種的藉口。既然目標和方法都確定了，那我們該如何讓自己不去想出各種的藉口呢？最有效的做法就是「不去想」。對的，很簡單，就是不要去想。而讓自己不去想的方法，就是現在就開始。我們都知道跨出第一步是最難的，這裡也不用再重複各種相關諺語。但一旦開始行動了，我們就會被自己的慣性推動著，若方法是正確合理的，已經動起來的自己是不會輕易停下的。這聽起來是個再簡單不過的做法，其實就是

讓自己越過開始前的各種藉口所帶來的障礙，直接跳到起點，讓自己行動起來。

這裡有幾個簡單的例子，都有明確的目標和方法：

為了讓腰圍減少，我每天做五分鐘的瘦腹運動；

為了身體健康，精神飽滿，我每天要在11點前睡覺；

為了完成馬拉松，我會按照16週的訓練計畫練習。

目標清晰，方法也有了，但我們可能會這樣想：

今天有點累，我明天再開始做運動吧；

才剛到11點，我就再滑幾分鐘手機吧（於是對著手機東看西看，再看看錶發現一個小時就過去了）；

今天外面天氣有點冷，過幾天天氣好一點我一定恢復練習。

結果就是沒有執行，而不執行不僅僅是一天的事，更糟糕的是它會讓我們陷入不執行的慣性，結果我們越來越難重新開始。回到剛才的例子，我們是不是可以越過各種的藉口，直接說現在就開始呢？那麼我們的內心應該會這樣想：

我現在就做五分鐘的瘦腹運動；

我現在就放下手上的手機，進房間睡覺了；

我現在就換上更厚的衣物去練跑。

關鍵詞就是現在。「現在」讓我們沒機會說今天工作很累，明天再練吧；「現在」讓我們沒機會再多看一會兒影片；「現在」讓我們不去考慮今天糟糕的天氣會妨礙我們的跑步訓練。

這就是「現在」的力量。不用花時間思考，沒有時間找藉口。因

為方向是對的，現在執行就行了。這想法再簡單不過了，但卻被很多人所忽略。行文到此你有什麼久久沒有執行的目標？列出來看看重點和方法，然後現在就開始踏出第一步吧。

為了幫助妮妮完成心願，我建議她先報名一些線下賽事。參賽了就有一個明確的終點，只要跟著一定的方法訓練，再加上本文所提倡的以「現在的力量」作為執行力，那就應該能一步一步到達終點。

我勸她練習時千萬不要考慮太多，換上衣服，到了健身房或馬路上開始跑起來就好。她也就這樣持續練習，可是因為全球疫情影響，很多賽事都取消了。最後我建議她報名一些線上跑，線上跑如果完成了也算是達成她完成半馬的心願了。線上跑那一天，天氣寒冷，她並沒有憂慮寒冷的天氣，鬧鐘一響，她就換了衣服出門。她沒有想讓她不去開始的藉口，於是坐車來到預設好的半馬路線的起點。她下了車後，沒想什麼就開始做熱身運動，沒想什麼就開始跑起來了。她做到了從零到開始的無限大的質的改變，她也發現一旦開始了就沒那麼容易停下來了。她跑的時候除了想著終點，別的也沒想太多。儘管速度不快，但她的目標和方法非常清晰，就是要完成這21.1公里，所以速度快慢不重要，讓自己這樣持續兩、三個小時就可以了。一直覺得不太可能的心願也就這樣從一步一步的完成了。她回想，開跑時她沒有多想就開始了第一步，這一步花了半秒都沒有，但這不假思索的瞬間，卻換來了永恆的喜悅和驕傲。

請列出一些一直沒有完成的，困擾你多時的心願

目標	方法	固有想法	新想法
目標是什麼	請簡單列出方法，如果方法需要改善請在改善後再列出	以前沒辦法開展是什麼原因	如果以現在就開始作為，我會怎麼想

做個愛哭的人

We should do three things every day of our life. Number one is laugh. You should laugh every day . Number two is to think, we should spend some time in thought. And number three is you should have your emotions moved to tears.

—— Jim Valvano

　　我和薇瑪從小就認識。小時候我不明白她為什麼會看了電視節目後哭。我小時候哭，要麼是因為受傷的時候感到了痛楚，要麼就是因為做錯事後被媽媽責罵而感到羞愧。現在回想，我知道薇瑪當時哭是因為看電視時看到什麼感動的劇情所以哭了。我也意識到這種因外在事物而感動至流淚的能力是多麼可貴的。

　　哈佛醫學院研究指出，有一個對於37個國家、七千多人的調查，女性平均一年哭30到64次，男性平均一年哭五到17次，平均數

因國家而異，對於這些數字，很多人都覺得不可思議，認為人們不可能哭得那麼多。「哭」在很多文化當中，被視為弱者的表現，對男性來說更是最不該做的事。但當我們理解哭的原因並不僅僅只有悲傷之後，我們對自己哭的次數多也許不會感到太詫異。

已故的美國高校籃球著名教練Jim Valvano在罹癌後的最後一次公開演講時說了，如果你今天笑了、哭了、思考了，你就真正地活了這一天了。笑和思考我們日常都會做，而且基本上都是可以自我控制的，唯獨哭不是成年人每天都能有的生理反應。但我們再看看Jim所說的原文：「you should have your emotions moved to tears, could be happiness or joy」，會發現他的話的含義其實是：若我們遇到了讓自己感動的人和事，甚至流出喜悅的淚，那我們就活得有意義了。

提及生理反應，哭會產生我們常聽到的腦內啡（Endorphins）。這種物質可以幫助我們止痛和獲得快感。所以哭有助於我們平衡心態，而哭泣在古羅馬被認為可起到淨化的作用。現代科學把哭泣等同於情緒的安全閥，它能讓我們釋懷，而且也能讓我們更有同理心和得到家人和朋友的關懷。

這一篇的標題可能會讓人以為我要鼓吹悲傷。雖然悲傷是哭泣的一個主要原因，但我想表達的更像是Jim所說的，也是有些心理學家所指的「Positive Tears」（正向淚水）。在2020年一項針對一萬三千多人、涉及40個國家的跨文化研究總結出正面淚水的四種主要誘因，我也列舉了一些事例供大家參考。

情感：婚禮上大家重溫新人的童年照片，然後在新人感謝父母之

際，當事人通常都會流下淚水。此時台下的來賓也會有很多人拿著面紙擦掉眼角的淚水。感情的淚水還可能出現在我們重返多年沒去的兒時玩耍的遊樂場，又或者是重遇多年不見的家人或摯友等場景。

美麗：當看到星空中的銀河、海平面上的日出、肯亞平原的動物大遷徙、夢幻的北極光時，不少人會因為眼前的美而熱淚盈眶。但這種淚水不止於自然景觀，還包括像金字塔、泰姬陵、佩特拉古城這樣的人工奇跡。甚至還包括藝術珍品以及一些讓人難忘的表演。

成就：想像一下自己經過不懈的努力終於能完成首次馬拉松，那是多麼令人激動的事，甚至會讓人喜極而泣。這就是成就造就的熱淚。這種淚水還可能是因為兒女的成就，哪怕是最淺顯的成就，作為父母也可能會為此流下成就的淚水。

愉悅：說到喜極而泣，我們應該有因為聽到一些笑話或看到什麼喜劇而忍不住笑的經歷。但這裡指的還不是一般的愉悅，而是接近狂喜的愉悅。比如有人在跳傘時因極度興奮而兩眼冒出淚水甚至大哭。

在《一切從笨豬跳開始》書中我介紹了不少動人時刻和讓我熱淚盈眶的經歷。比如我看到我少年時代一直嚮往的瑪雅文化最重要的古蹟馬丘比丘的時刻、我與父母完成土耳其之旅後在機場互相送別的時刻、完成鐵人三項的時刻等。類似的動人時刻，造就了完成心願後最寶貴的感動和幸福感，並讓我們產生了正向淚水。

寫到這裡也不難理解為什麼哭會和完成心願有關。讓自己動容的事物，不管在別人眼中是多平凡瑣碎，對自己而言肯定是件重要的事。可能只不過是舊地重遊、可能只不過是看一場渴望已久的演出、

也可能只不過是和你喜歡的人一起看看日出……但這個「只」字所形容的事物的意義比我們想像中都要大。如果我們有了這種心態，就會發現周圍感人的事物其實遠比想像中多，我們能完成的心願、難忘的時刻也會比想像中多了。

我問薇瑪最近有沒有什麼讓她因感動而流下正向淚水的經歷。本來以為她會說一些與她兩個孩子有關的事，比如二女兒的精彩表演又或者是大女兒被學校錄取等這種與孩子成就有關的經歷。結果她想到的卻是兩件聽起來極為平凡的事兒。比如第一個經歷在她看到經典的法國電影《放牛班的春天》（Les Choristes）裡飾演主角的男孩獨唱的片段時。男孩重新得到回到合唱團的機會，臉上露出意外的驚喜和對老師的感恩的神情。被這段感人的劇情和男孩唯美的歌聲感染，薇瑪感動到落淚了。她形容當時聽到的歌聲是一種天籟之音。

第二個經歷則發生在她在拜訪一個書法家的工作室時，她看到牆壁上掛著唐代文人劉禹錫所著《陋室銘》的書法作品，想到書法家搬到簡陋的工作室，雖然蓽門蓬戶但依然氣節高雅，也許書法家當時也想到《陋室銘》最後一句「何陋之有」的感概。薇瑪想到當時的情懷再加上書法家高雅而有力的字體，就被所思所看的一切感動到了。

這兩個例子都是很平凡的事，但這種因身邊的人和事而感動至落淚的能力，是我們該有的，這種落淚行為並不是很多人以為的不該有甚至感到羞愧的反應。

達成心願時最可貴的就是有那種能讓我們熱淚盈眶的感動。那些感動瞬間，在我們完成心願良久後仍會記憶猶新。

我流過的正面淚水

原因類別	事項	時間
情感		
美麗		
成就		
愉悅		
我會如何多創造正面淚水的機會？		

讓改變發生

The secret to permanently breaking any bad habit is to love something greater than the habit.

—— Bryant McGill

　　認識希爾是我在美國工作時。有一次我們坐她開的車聊天，她坐的駕駛位置窗戶全開，她的左胳膊靠在車門框上，手裡拿著香菸，右手控制方向盤。看著她側臉靦腆的表情，口中卻緩緩吐煙，畫面矛盾且有電影感，很多年後我還記得。

　　我離開美國後雖然極少和希爾見面，但偶爾也會在微信問候彼此。得知她也移居上海後，很不容易地約了快兩年才見到面。見面時大家聊起新一年的心願，希爾的第一心願是戒菸。當時我又想起她開車時的飄逸形象，沒想到抽菸原來是她一直想擺脫的。她能成功嗎？

　　不少書籍介紹各種方法來開始一個新習慣或戒掉一個壞習慣。其

中除了介紹一些方法外，也有很多書談到為什麼要改變。常見到的說法是這樣的：有了一個有分量的原因，想培養或戒掉一個習慣就更有可能成功。這些原因越強烈，越能讓新習慣開始或讓壞習慣結束。我想到眾所周知的馬斯洛需求理論，開始或戒掉習慣的原因也許可以歸結為：健康、物質、關愛、榮耀和信念。

健康：健康是開始新習慣的一個常見原因，例如開始鍛鍊或戒菸都可能是出於對身體的顧慮。但若想讓健康成為一個足以改變習慣的原因，這個原因最好足夠「緊急」。讓人不夠緊張的健康問題，或者是溫水煮青蛙般慢慢出現的問題可能不能成為一個有效的原因。從專業人士口中道出的健康問題也更有可能成為改變習慣的原因。

物質：物質，尤其是金錢，可以是讓人開始一個習慣的誘因。我認識一位主管，他為了讓自己的團隊養成跑步習慣，要求每個人必須每週打卡20公里，否則就要被罰款1,000元到獎金池，大家以後可以用這些錢團建（Team Building）。結果，團隊大部分的人真的開始了跑步。當然金錢也可以導致惡習的開始，所以要慎用其力量。物質的影響似乎也是比較短暫的。萬一該物質誘惑不存在了，新習慣可能也會隨之停止。

關愛：關愛在這裡是指為了身邊的人而開始或結束一個習慣。例如為了小孩不會模仿自己而把打遊戲的習慣戒掉，又例如因為想建立更和諧的夫妻關係而開始做家務。這原因的根源是愛。愛是極有力量的原因，發自內心的真愛能讓難以起步的事變得有可能。

榮耀：榮耀也是開始或結束一個習慣的原因。最簡單的例子是和

別人打賭自己能否開始一個新習慣，這可能只是賭氣而不用賭錢。也可以在社群媒體上宣布自己要開始一個新習慣，這些做法帶來的正面壓力其實也是源於個人榮耀。而且朋友的鼓勵會讓新習慣的開展和持續更有效果。

信念：最後，可能也是最有力的原因，那就是信念。有人開始吃素，就是因為宗教信仰或對生命的改觀。有人開始不用吸管，是因為對環保的關切。信念來自於內心深處，想通了為什麼要開始或結束一個習慣，且背後有比自己更強大的原因，那可能是讓人堅持下去的最大力量。

這幾個原因也和馬斯洛需求層次相呼應，但這些原因卻沒有先後次序。健康、關愛、信念似乎能更有效地改變一個人的習慣。本文對這些原因做了一些歸納和分析，希望可以幫助讀者更有方向地去構思如何開始或結束一個習慣。

希爾到最後算是戒了菸了。之前她感覺身體沒有因為抽菸產生什麼問題，所以她不曾因為擔心健康而戒菸，就算家人和朋友曾以健康為由來勸說她戒菸，她還是無動於衷。最後是她父親的勸告讓她下定決心一定要戒掉。和之前不一樣，這次父親是躺在病床上和她說的，她毫不猶豫就答應了。後來父親離開了，他的一席話和希爾對他的承諾就變成了她戒菸的信念。

這信念讓希爾堅定了戒菸的想法，接下來她就琢磨有什麼好的方

法。這個問題將在本書的第三章關於如何養成習慣的內容裡涉及。她在朋友介紹下，試了之前從來沒想過使用的電子菸。雖然同樣有個菸字，但電子菸卻沒有普通菸中最有害的物質──焦油。希爾也知道電子菸不能稱得上健康，因為它還是有尼古丁，而且電子菸才問世不久，也可能造成很多未知的健康問題，但她覺得使用這香菸的替代品，也算是開始履行了對父親的承諾。她開始了之後，也發現抽菸的慾望減少了，且抽菸的頻率也慢慢減少了。最近和希爾聊天，她告訴我已經完全戒菸了，連電子菸也不用抽了。

　　我和很多嘗試過戒菸的朋友聊過，他們的經驗是倘若沒有一個強烈的原因，而僅僅是偶爾下下決心的話，戒菸基本上是不會成功的。這篇所討論的就是原因，原因越深層次，成功的機率就越高，維持的時效也更長。而信念往往是最強烈的原因，它對最重要的問題「Why」給出了答案，它的作用遠比怎麼做的「How」更大。「How」只要多問問多看看就不難找到方法，但「Why」卻是要真誠地捫心自問才能找出答案。

要開始／戒掉的習慣
製定日期：
原因
健康：   物質：   關愛：   榮耀：   信念：
行動方案
追蹤事項
日期：   狀態：   改善方案：

震撼教育

There are no two words in English language more harmful than "good job"

—— Terence Fletcher（電影《進擊的鼓手》）

　　第一次看見強哥是在四、五年前，他的肚子是最吸睛的部位。當時我估計他的腰圍應有50吋，體重也應有120公斤。說實話剛剛開始見到他時真覺得他是個油膩大叔，不對，應該是一個不健康的油膩大叔。後來因為全球疫情緣故有幾個月沒見到他，再見面時我以為自己眼花了，他的身形從加大碼變成正常碼了。原來是源自一個震撼的訊息。

　　在電影《進擊的鼓手》裡，魔鬼老師和主角談論著名薩克斯風樂手 Charlie Parker，他在未成名時被一起演出的傳奇爵士樂鼓手Jo Jones狠狠批評，Jo甚至向Parker甩過去一片銅鈸（Cymbal），險

些把Parker的頭砍下！但 Parker沒有因此喪氣，反而不停地練習，最後吹奏出讓世人銘記的獨奏。

我們成長過程中是不是都遇到過類似Jo的狠狠批評？這些批評中有些也許是無理的和無依據的，但大部分卻是有跡可循的忠言，批評者只不過是以直接而殘酷的形式告訴我們而已。

我們聽到這些批評，就好比我們自身遭受拒絕一樣，會感到非常不快，甚至憤怒。我們可以看看遭到拒絕的幾個心理階段，就不難理解我們的反應：

第一階段：否認──否認自身的問題。

第二階段：憤怒──我們因為遭到拒絕或批評而感到羞怒，或感覺自己的遭遇是不公平的並因此憤怒。

第三階段：談判──試圖用自己的方式讓批評者接納自己，或者試圖告訴對方自己是對的，又或者告訴對方以後會改善。

第四階段：失落──意識到自身的不足而感到沮喪。

第五階段：接受──接受自身的弱點，繼續往前走。

當受到批評又或者是接收到一些不願意聽到的事實，我們的思潮起伏基本上就是上面的幾個階段。雖然我們經歷的階段是一樣的，但是我們在每個階段停留多久卻是我們自己要思考的，如果在一到三的階段停留太久，甚至對給予批評的人回以攻擊，而不是多思考為什麼會有這些抨擊的出現，那顯然是無濟於事、浪費時間、自欺欺人的。第四階段的沮喪是能被理解的，但如果我們一直在這階段而不往前看那就是要不得的消極行為。

最關鍵的是第五階段。「接受」是決定我們是否能讓自己變得更好的關鍵。我們知道了自己的問題和弱點後，是接受現實繼續如舊，還是自省後針對自己的弱點而做出改變，讓自己更強更好呢？我們可以回想一下面對過的當頭棒喝有哪些，試試把它們列出來，看看自己是怎樣經過上述的幾個階段的？到最後是否有讓自己變得更好呢？我常聽到很多人把「讓自己變得更好」作為座右銘，一些逆耳的忠言正是讓自己變得更好的催化劑，但能否為自己帶來良好的作用那就取決於自己了。

為什麼會在本書寫這篇文章？這是一本關於完成心願的書，在完成心願的道路上也許會遇到各種挫折，比方說學語言是你的心願，但你不流利的外語很有可能會被恥笑；比方說學樂器是你的心願，但你的年紀和音樂造詣不成正比時，很有可能會遭到冷嘲熱諷；比方說學畫畫是你的心願，但有人會說你的畫連小孩的都不如。有這些心願本身是件值得驕傲的事，但若受到打擊時就變得消極那就是件可憐的事了。反過來說，如果我們把一些批評化作動力，我們將會讓自己離心願更近。

震撼教育是個難受的過程，但如果我們把這種刺激變成改變自身的動力，那自己也將會變得更優秀。多年後甚至還會暗地裡感謝那些曾經給予忠言，甚至惡言相向的人。

在一次例行的身體檢查中，強哥多項身體指標都超標了。檢查的

醫生並沒有用一般的官腔草草交代了事，反而用了極為嚴肅甚至帶點誇張的語氣，告訴強哥再不減肥就會有生命危險。強哥也沒有僅僅止步在沮喪或無奈接受，反而利用了全球疫情初期時不用出差的機會開始了對肥胖人士而言最難開始的跑步訓練。他從每公里十分鐘的極慢配速開始跑步，堅持鍛鍊。他的體重在三個月內由120公斤減到90公斤。他的健康指標也隨之恢復到較佳水平。他非常感謝那位醫生的當頭棒喝，也感謝數月前的自己選擇了艱難但正確的道路改變自己。他也把長跑當作自己的心願了。

回想的事項 1)		
描述：		
經過階段	行為表現	歷時多久
否認		
憤怒		
談判		
失落		
接受		

回想的事項 2)		
描述：		
經過階段	行為表現	歷時多久
否認		
憤怒		

談判		
失落		
接受		

總結經驗
下次遇到震撼教育時該有的反應會是？

心願清單

Die with memories, not dreams.

—— Bryce Hanson

　　有時候，人的思維可能被一句話或一個問題改變。參與進修時，小徐的一個老師在班上問學生們有誰寫過心願清單。小徐當時愣住了，心裡回想過去的心願都是考試得到高分，或者薪資上漲，她從來沒想過把更多的心願列出來。後來她買了個本子，把無論大小的心願都寫上去。本子上最多記下過100個心願，她的心願各式各樣，大部分都和工作無關。但有趣的是，自從有了這個記下心願的習慣後，她的工作居然也取得突破。這是什麼原因呢？

　　和小徐不一樣，我開始寫夢想清單的習慣是因為看了電影《Bucket List》（一路玩到掛）。但和小徐一樣，我覺得寫心願清單不應像電影中那兩位主角一樣，到自己身患絕症後才開始。

其實很多人都有各種夢想，但如果夢想一直只是徘徊在想像裡，那這些夢想可能只能一直像夢一樣，不能落實。把夢想寫下，讓它們不僅存在腦海裡，這本應是件很容易的事，但我在多次的分享會中，問到有多少人有寫這種清單的習慣，舉手的人卻是寥寥可數。

因工作需要，我常會閱讀有關提升工作執行力的書。其中很多書都建議我們把計畫和目標列出。和工作一樣，如果我們把夢想列出來，我們對夢想的執行力也會提升，實現夢想的可能性也會增加。

自我發展類書中的經典著作《思考致富》（Think and Grow Rich）裡面寫過：「我們要達到夢想就得將其寫出來並經常翻看」。書裡舉了一個李小龍的例子。李小龍寫到：「我要成為在美國薪酬最高的亞洲巨星。作為回報我會提供最精彩的表演並成為最優秀的演員……」後來他確實如願了。心願清單如果使用得當，也會有這種神奇的作用。那麼心願清單應該是怎麼樣的呢？下面我嘗試羅列一些常見問題。

心願清單寫點什麼？

這個清單也常被稱為遺願清單，但這名稱其實不太好，因為它讓我們覺得這是可以等到我們老去再寫的清單。我比較喜歡心願清單或夢想清單這樣的名稱。上面提及李小龍的願望，那更像是非常宏偉的夢想。其實心願清單這個名字也很不錯，心願可以涵蓋更多方面，而且也能達到本書在第一章倡議的平衡。就像我在《一切從笨豬跳開始》裡寫過，看一場期待已久的表演，和家人擁有一次難忘的旅程，籌一次款等都可以是心願，不一定要改變世界才值得列在清單裡。而

且心願多一些也代表著我們可以勾掉（完成）它們的機會也會更多，那將會讓這個清單更有趣，讓我們更有成就感。我在本書中的第五章會寫到一些挖掘心願的方法。

心願清單在哪裡寫？

當初我列出心願清單時，正好開始用一個叫「印象筆記」的APP。我把心願記在那兒，一有空我就翻開看看。後來開始寫《一切從笨豬跳開始》的時候我也用這個APP把書中要完成的目標記下來。這個APP的好處和李小龍當初把心願貼在梳妝鏡上，天天看，有異曲同工之妙。我也試過把心願記在紙質記事本中，但是因為記事本不是隨時在身旁，所以翻查起來就沒那麼方便，而且更新也是一個難題。手機APP則支持隨時翻閱更改。當然這也只是一種個人喜好，如果你喜歡用實體的本子記下來，那也有一種實在的感覺，尤其是完成心願時劃掉它的那一瞬間，特別有滿足感。當然如果你常丟本子，那就要再考慮記載心願的地方了。

多久翻閱或更新？

越頻繁越好。上面也提到過李小龍的做法，經常看會增加我們的心理暗示。而且我還建議這個清單要經常擴充，當我們被身邊的人和事、電影、雜誌、照片甚至新聞打動並萌生一些心願時，請記得打開你的心願清單，記錄下來你想完成的心願是什麼。這種感動有時會稍縱即逝，所以即時記下尤為重要。

記得多細緻？

這要看心願的性質。例如心願是完成馬拉松，這本身是個很具體

的心願，如果想再清晰一點可以把期待實現的年份甚至完賽時間標注一下。有一些心願則必須要更清楚的列明。比方說某人的心願是學一門語言，那麼到底想學到什麼程度呢？這個則要細心地去想，如果只是泛泛地寫學會什麼語言而不列明程度，那就很難勾掉這項心願。我們可以這樣寫：我可以自信地用外語介紹自己、與第一次認識的外國朋友交流三分鐘以上、能用外語問路等，這些都是很具體的目標。若只寫學會一門外語，那到底是可以用外語自我介紹還是可以不用字幕看懂外國電影算學會了呢？一個心願如果長久勾不掉，我們可能就會中途放棄了。

自從開始寫心願清單後，小徐會經常查看那些心願並設法完成。儘管有一些心願看起來很小，而小徐也只是初步完成，她也會感到喜悅並記錄下來。例如她一個心願是學會游泳，哪怕後來她只能游上十公尺，她也會在清單上標注階段性完成。這樣在完成心願的同時，小徐的自信和自我肯定都提高了。

小徐每年都會買一個漂亮的本子，在年初時把心願寫下。她也會把心願寫得很具體，比方說她會在清單上把設想完成心願時的場景和心態寫下。例如滿心歡喜地躺坐在拉薩城牆根曬太陽，輕鬆愉快地躺在沙漠裡看星星……後來她真的去了沙漠，但因為遇上惡劣的天氣而看不到星星。但她並沒有過於沮喪，反而覺得在沙漠上看到暴雨也是一種經歷。良久後大雨驟停，她又從避雨處回到沙漠上。大雨過後的

空氣反而更純淨，看到的星空也更晶瑩剔透了。

透過完成自己大大小小的心願，她的心態變得更開朗和陽光。這種正能量似乎也影響到她身邊的人，她遇到的機會也比以前多了。後來她也因此從一個自卑的女孩成為一位年輕的幼兒園院長。她的人生軌跡就這樣被老師多年前的一個簡單提問而改寫。

列出很想做但一直沒時間完成的心願

心願			
還沒有達成的原因			
更高效的新方法			
目標的開展時間			

第三章

方法

要完成心願光有良好的心態還是不夠的，有正確的方法才能事半功倍。沒有正確的方法，我們在心願之路上可能原地踏步，就算有熾熱的心也會慢慢冷卻。

心願有無數種，但在各次分享會中，我倒是聽到很多讀者提到差不多的心願。最常聽到的就是減肥、跑長跑和學好外語。對這些心願我剛好有些體會，也做了不少的研究，所以在本章中做一些歸納。另外我也聽到不少人把學畫畫、學樂器、學打球等各種學習作為自己的心願。我當然不可能體驗過各種學習從而寫出自己的體驗心得，但我倒發現有一套蠻不錯的方法，可以讓各種學習更容易開展和維持。

本章也有幾篇較有通用性的文章，希望對擁有不同心願的人，甚至對不知道該定下什麼心願的人有所啟發。

有效時間

It is not enough to be busy......The question is: what are we busy about?

—— Henry David Thoreau

　　小李哥馬上就要踏上這片碩大的草地，一望無際的綠色讓他心涼。他猶豫地自問為什麼不乖乖待在會所等待客人打完球再一起聚會，反而自告奮勇陪他們一起參與自己從未接觸過的玩意。他踏上發球台，同組的三位球友盯著小李哥。他感到自己心跳加速，身體稍微發抖。他硬著頭皮把桿子揮打到球上，球滾動了十幾二十公尺。其他球友之前發的球都在200碼外落地，但他們還是給了小李哥真心的鼓勵。當天小李哥勉強地和客戶完成了他的第一場高爾夫球，以數不清的桿數打完18個球洞。當天一起打球的客戶，每個都是高爾夫球愛好者，球齡起碼15年，而且幾乎每隔一兩週就打一次球。他們沒想到小李哥會在三年之內遠超他們的打球水平。

相信很多人都看過這樣的寓言故事。一個教授在學生面前拿出一個空瓶，說這個瓶子代表我們擁有的時間。他把大石頭放進瓶子，然後問學生們瓶子滿了沒有，學生們說滿了。教授再把小石子放進瓶子，再問瓶子滿了沒，學生們還是說滿了。接著教授把沙子倒進瓶子，學生們這次不敢馬上回答了。最後教授把水倒進瓶子至水溢出，這時學生說瓶子才真的算滿了。然後教授問學生他想用這個實驗說明什麼道理。一個學生回答說不管我們多忙都可以把時間填滿。你覺得教授其實想說明什麼呢？他想說的是如果當初我們不把象徵重要事情的大石頭先放到瓶子裡，而先把瑣碎的沙子和水先放在瓶子，那我們就沒有時間做重要的事了。

我們先要認清楚這些「重要的大石頭」，再看看如何更有效完成這些事。

值得的事

有效利用時間的第一要點正是要先把重要的事列出。這些事可以是和工作、家庭以及自己心願相關的要事，然後我們再想辦法用最有效的方法完成，讓自己可以做得更多。反過來說，如果我們很有效率地做一些不重要的事，自以為很會利用時間，但事後卻發現自己沒什麼收穫，結果也是無效的。

時間神偷

在健身房，最讓人生氣的就是一些坐在器材上玩手機、一坐就是

幾分鐘的人。他們這樣不但妨礙別人，對自身也沒好處。這種健身方法非常沒效率，因為每一組訓練之間停頓太久，肌肉休息了，心跳也會減慢，這樣對肌肉力量的增長並沒有幫助。這樣健身的人是被「時間神偷」偷走了他們的時間。最常見的神偷就是手機上各種社交和推送APP，它們不停地推送你覺得有趣的內容。你看得不亦樂乎甚至把時間忘掉了，再看手錶就發現原來已經過了半個小時。此外郵件也是一個常打擾我們的「正事」。很多人覺得郵件是正事所以要馬上處理，但自己在做的正事卻被郵件不停地打斷而一直無法完成。更好的做法應該是在日程表上固定回覆郵件和通訊軟體訊息的時間。

有效準備

試想一下我們正要在台上表演，這個表演有可能是一個樂器的表演或者是一次演講。在台上時我們不會還花時間找樂譜，或花時間調演講用的投影機。這些都是事先就準備好的，這樣我們在台上的時間才是完全有效。同樣，我們對要做的正事，也應該是有所準備的，這樣我們的時間才會花得有效。比如我們如果想晨跑，那麼我們就應該把我們的衣服和裝備放在一個固定的地方，甚至在前一晚把衣物都拿出來，這樣第二天一早我們就可以縮短找衣服的時間，讓僅有的時間都花在訓練上。

最佳時長

密西根大學對學生的一個調查發現，他們從開始溫習到開始覺得精神不集中大概就間隔了25～30分鐘左右。一些發奮圖強的學生立志連續花五、六個小時溫習，但最後的成績卻不盡如人意。類似的例

子在鍛鍊身體方面也可以找到，一個人每天花兩、三個小時鍛鍊全身，還不如每天花半小時鍛鍊身體不同的部位，因為肌肉是需要休息才能長大的，每天都練同一身體部位，相應的肌肉不僅得不到休息反而還可能受傷。同樣，學習太長時間，人會疲憊，學習的效率會驟減，還不如每學30分鐘休息五～十分鐘，保持最佳學習狀態。所以長時間做某一件事還不如短時間但卻高頻率一點有效。這也是很多教小孩樂器的老師都會建議小孩每天練15～20分鐘，而不是一週練一、兩個小時的原因。

有效地點

你有沒有試過躺在床上看書，結果往往是越讀越睏，到最後甚至睡著了。很多關於有效利用時間的文章都建議我們要有固定的地方讓自己以最高效率做事。我們到了一個特定的環境，不用花時間去適應，環境是熟悉的，需要的工具也很方便獲取，這樣的地點當然可以讓「大石頭」的完成更有效。床是用來睡覺的，對看書或學習來說顯然不是最合適的地點。所以找合適的地方做合適的事便是提高效率的另一重點。

高人指點

小時候很羨慕一些表面上不怎麼用功讀書但卻成績優異的同學。後來才知道他們不是不用功，只是他們的學習很有效。多年前我為了報讀MBA（企業管理碩士）而考GMAT（研究生管理科入學考試），開始時自己買了很多自修的書自學，三、四個月苦讀後考試，卻和數年前一次裸考的分數差不多。後來學校的報名快要截止，我報了一個

速成班,用了三週時間考到了需要的高分數。不是我變聰明了,而是我用的方法對了。三週的效果比三個月都要好。所以找到可以指點自己的大師讓自己的目標執行得更有效率,也是很有幫助的。但找高人也要有技巧,太早找的話也許會不確定自己所需的指點到底是什麼。這個觀點本章後面還會提及。

上面說的都是一些高效辦事的方法。對於工作忙碌,但又有各種心願的我們來說,如何高效去完成一些和心願相關的事(如健身、練跑、學語言)的方法是很值得思考和貫徹執行的。

小李哥就這樣跌跌碰碰地打完第一場高爾夫球。他沒有教練,球桿是在球場租的,但這第一次的接觸中,讓人心曠神怡的綠草、球友優美的揮桿動作、擊球後的愉悅、打到小鳥(birdie,低於標準桿一桿)的興奮,都讓他感受到這項運動的魅力。自此小李哥認定了高爾夫球是他熱愛的興趣,並開始了學高爾夫球的計畫,把練習計畫放在他的日常中。

小李哥所住的韓國,高爾夫球流行,所以也讓他較容易地在家附近找到練習場,這對他來說是個最佳地點。友人介紹之下,他在那裡也找到了教練。他並沒有每天都練習,因為他也不想由於練習過量沒法休息而讓自己的熱情冷卻,所以他決定每兩天練習一次,讓自己的練習高效。因為不想耽誤上班,他總是把裝備和衣服放在最方便取得的地方,讓自己的準備更高效。他很快也從練習場拓展到去18洞球

場打球，體驗球場上千變萬化的挑戰。也許小李哥當時並不知道，他的高效練習與上面提到的方法可以說是不謀而合。

　　包括我在內，很多人練習高爾夫球都停留在初學者階段，能真正穩定地打到100或90桿內的業餘球手可以說是為數不多的，而且這些人很多都是球齡超過十年甚至20年的。而小李哥卻在三年之內把自己的桿數穩定地控制在85桿以下。要知道，三年前的那場球賽他可能打了超過150桿。這也可以說明有效利用時間的威力。

　　但和很多方法一樣，能成事的最關鍵的要素就是開始時的初衷。對小李哥來說，他一開始就打心裡熱愛這個新的興趣。有了這顆初心，他在遇到困難或倦怠時也還能堅持下去。

我的大石頭是 1. ＿＿＿＿＿ 2. ＿＿＿＿＿ 3. ＿＿＿＿＿

時間神偷	盡量減少時間神偷對大石頭的影響
1	
2	
3	
最佳準備	我可以怎麼樣準備讓我更有效去做值得的事
1	
2	
3	
最佳時長	我每次會花在大石頭上的時間和頻率
1	
2	
3	
有效地點	我會在這個地點去做值得的事，讓我更有效
1	
2	
3	
高人指點	我會尋求這些高人來指點
1	
2	
3	

最佳時間

The right thing at the wrong time is the wrong thing.

——Joshua Harrisn

　　崔姐在一個知名的互聯網公司擔任高管。我問過她的工作時間，用「996」（從早上九點工作到晚上九點，每週工作六天）來形容應該不為過。之前好幾次邀請她參加我在週末的新書發布活動，她最後都是因為加班而來不了。

　　但是有趣的是，我看她的朋友圈經常會發現她去了一些很小眾又難去的地方旅遊。她的工作那麼忙，是怎麼做到的？

　　蘋果生產的第一台平板電腦不是iPad而是比iPad早17年面世的Newton。第一台商業化的電動私家車在18世紀就出現了。這些早期產品並沒有成功，對它們來說面世之日並不是最佳時間。這種關於時機的例子比比皆是，細心想想，我們每天都可以為自己構想最佳時

間，例如避開上下班和午飯時間的人流高峰，讓自己的時間更有效。

做事抓住最佳時間貌似是一個再簡單不過的方法，甚至聽起來有點瑣碎。但我們如果多利用這個概念，也許能有更多的機會去實現自己的心願。我在這裡介紹三個和最佳時間有關的機會。

和特定地點有關的

在《一切從笨豬跳開始》一書以及在TED等眾多演講中，我提到一次普通的商務旅程。那次我去了歐洲中部的中轉城市米蘭。米蘭是歐洲最繁忙的中轉城市之一，如果去歐洲出差或旅遊，經過米蘭的機會可不算少。就在其中一次出差，我去米蘭前翻查了自己心願清單上想去的地方，其中一個地方居然就在米蘭。具體心願就是親眼觀看《最後的晚餐》這件著名的藝術作品。這件堪稱為世上最有名的藝術作品就在米蘭市中心的恩寵聖母教堂。如果不是經常翻看我的心願清單我也不會想到這個心願，更不會想到這藝術巨作原來位於一條平平無奇的街道中。離開米蘭的早上，我沒有睡懶覺，沒有去購物，而是利用了這個平凡的上午做了一件對自己來說不平凡的事。

和特定時間有關的

有一些大自然奇觀必須要等到適合的時間。很多人把看流星雨設為自己的心願，但看流星雨的極好機會卻為數不多，而最壯觀的流星雨每年就只有三次，分別是象限儀座流星雨（每年1月3～4日）、英仙座流星雨（每年8月12～13日）、雙子座流星雨（每年12月14～15日）。要達成這個心願，那就要提前看這幾個時候自己能否到光害少的地方待上幾天。這種最佳時機也可以應用在其他地方，比如我們一

直想看的表演、球賽和展覽，還有重大的節日。全球旅遊早已恢復正常，可以讓自己的出行計畫盡量配合各種盛事。

和特定人物有關的

有想過和父母表達感激之情嗎？與其隨意地對父母說一句多謝，倒不如好好計畫一下，讓這個簡單不過的日用詞變成無比真摯的最佳禮物。很多人會在婚禮當天當眾感謝父母，但這種機會也太少了。我們大可以提前準備一下，在他們的生日聚會或他們的結婚週年紀念日，甚至是自己的生日會上（對的，自己的生日會其實是感謝父母的極佳時刻），把要感謝父母的內容讀出，讓他們得知自己對他們的關懷和感激，這將會比任何物質上的禮物都來得意義深遠。類似的機會除了用於父母，也可以用於對自己重要的人，場合可以是他們的生日會、歡送會、接風宴會等等。

這章提及的方法，極其簡單，關鍵在於我們必須把想要完成的心願放在心願清單裡，並時刻翻閱牢記，找出完成這些心願的最佳時機。由此你會發現，每次聚會都可以變得不平凡，每一趟旅程都可以別具意義。

———————————

崔姐也有一個這樣的旅遊清單，她每年不管多忙都會研究前往這些夢想之地的最佳時機。剛剛才知道崔姐又去了一個我一直嚮往的旅遊目的地，事實上是好幾個目的地。前幾年她搶先去看了我心願清單上的重點項目：看北極光。她那次開始旅程本來是去看望在美國的男

友的，結果行程前他們就分手了。與其自怨自艾，她選擇繼續飛往加拿大，到了極光小鎮黃刀鎮。在那裡她看到有幸福之光之稱的北極光。我想她當時應該為將來的幸福日子許願了。

說回那些我夢寐以求的目的地，那就是南極和南美多國。這個旅程需要耗時一個多月。對在網路相關公司工作的人來說，可以說是幾乎不可能的旅程。那一年，崔姐利用公司本就有的一週多新年假期，並在網購淡季跟老闆申請了額外的三週休假。她平常表現得優秀和努力，和上司及團隊建立了良好的互信。老闆批准了她這個看起來不可能的假期，團隊也可以接受她三個星期的遠距離指揮。

另一關鍵點就是崔姐時時刻刻都會想著怎麼利用最佳時間去完成自己的心願。也因為這樣，她能達成自己更多的願望，也給自己忙碌的工作帶來更多的期待！

和特定地點有關的		
心願	所在地	我的計畫

和特定時間有關的		
心願	時機	我的計畫

和特定人物有關的		
心願	人物	我的計畫

瑣碎時間

The way we spend our time defines who we are.

—— Jonathan Estrin

　　小郭現在是一家投資銀行的幹部。她在工作前在美國深造，並取得了好的成績。很多朋友以為小郭出國之前英文肯定學得特別好。但其實小郭的英語考級第一次考試成績可以說是不盡如人意，根本沒法拿到被錄取的資格。她有出國打算前的工作已經是朝九晚九，再加上上下班要花上兩個多小時，她的空餘時間已經少之又少了。

　　她是怎麼學好英文，完成出國的心願呢？

　　瑣碎時間是個很狡猾的東西。表面上看，能利用瑣碎時間的人肯定就是時間管理達人，他們一定很會見縫插針，而且非常高效。其實，現在我們人人都有利用瑣碎時間的利器，那就是和我們形影不離的手機。我們可以在搭地鐵時、等電梯時、上洗手間時，甚至走路時

也用手機。我們感覺非常好，因為利用了瑣碎時間。現在關鍵問題來了，我們利用這時間做了什麼？

以手機利用瑣碎時間本身沒什麼問題，但這樣做是否真正地有價值？現在手機上的APP非常智能，各種演算法讓手機比我們自己更瞭解自己，不停地向我們推送各種影片或連結。我們就是這樣被動地利用了瑣碎時間。一、兩個小時過去了，我們回頭一看可能也想不起做了點什麼。利用瑣碎時間是手段，但不是目標。我們該退一步想想自己有什麼目標和心願，再反過來看看怎麼利用自己的瑣碎時間讓我們靠近這些目標。反之，若我們盲目追求利用瑣碎時間，反而會被瑣碎時間利用。

我們再深思一下，利用瑣碎時間首先是要定下目標，再選擇合適的瑣碎時間，再看看是否真的有效而不是僅僅在消磨時間。

定下目標

沒有想達成的目標，就是沒有目的地使用瑣碎時間。就會無形中被瑣碎時間掌控。我們也僅僅在心理上得到安慰，以為自己好好利用時間了。但這明顯是個似是而非的悖論，我們在更有效地達成漫無目的的目標。當然如果放鬆也是個目標的話，我們也可以利用瑣碎時間來冥想或睡覺。關於目標，我們可以參考一下自己的心願清單。如果沒有這樣的清單，就想想當年底我們說出的三樣讓自己驕傲和告訴別人的小成就，那會是什麼呢？當然我們也可以利用瑣碎時間來處理工作相關的事，例如利用做家務的時間練習一下快要進行的演講。這雖然是一個短暫的目標，但也是可以讓我們用瑣碎時間來協助達成的具

體目標。關鍵在於,沒有方向地利用瑣碎時間,就等同於被瑣碎時間所利用。

選擇瑣碎時間

我們可以按照自己設定的目標,挖掘適合的瑣碎時間。例如學習語言是個目標,那我們就可以看看一天裡有哪些瑣碎時間適合從事怎麼樣的語言學習。如果上下班交通過程中有時間,利用這段時間多聽外語是個不錯的選擇。又例如減脂是個目標,那就應該盡量每天做到熱量赤字(Calorie Deficit),就是熱量攝入要比消耗少。可以在上下班時只走樓梯,或坐地鐵時提前一兩個站下車,讓自己多走路。

回顧瑣碎時間是否利用得當

本篇重複提到不要認為用了瑣碎時間就感覺自己管理時間得當。我們應該時刻回顧所謂的使用瑣碎時間是否真的對自己有益處。我就曾經試過在洗澡時和開車時讀電子書。本來以為自己是見縫插針地去看書,但後來過了幾天就發現自己不太記得自己看過什麼書,更不用說書的內容。後來才發現對我自己來說,我要active listening(就是要配合其他感官,比方說配合看和寫)才會記得住內容。當然每個人的記憶方式都不一樣,關鍵是不要盲目使用瑣碎時間,多回顧多調整才不會自欺欺人。

我剛剛所述的其實很像是multi-tasking(多任務處理),這與瑣碎時間利用其實是不太一樣的。瑣碎時間可以是在工作之間的邊角料時間,此時我們不需要做別的事,這樣更有利於我們專注地利用這短暫的時間。但瑣碎時間也可以在多任務處理中產生,比方說當我們在

跑步機上跑步時可以聽一些外文新聞，又比如一個人開車時可以練習一下外語對話。但我們也要多思考和回顧這些多任務處理是否有效率，如果效率低下甚至導致出錯（如開車時分心而導致危險），那更有效地專注做一件事好了。

　　小郭就每天用她上下班的兩個半小時學英文，特別是記憶複雜的英文單詞，由於是在公車總站附近上車，所以她總能找到座位安心地學習。在公車上的兩個小時，對她來說是個不被打擾的私人時間。而且比起在家學習，她發現在公車上，窗外的風景可以讓自己保持思維活躍，而公車每一次到站，都像是定時鬧鐘的鈴聲，對她記憶英文單詞的效率有監督提醒作用，相比之下，在家學習反而會經常中途睡著或被家裡的雜事所打擾。公車上的時間變成了記憶複雜難記的英文單詞的瑣碎時間。

　　就這樣過了兩年，她用了對很多人而言只是用來睡覺、打遊戲、滑抖音或追劇的乘車時間，順利背完了申請美國研究生所需要的GMAT單詞，並取得了良好的成績。研究生畢業後她也如願進入投資行業。

　　細心觀察會發現，我們每個人應該都會有各種各樣的瑣碎時間，如何好好利用則取決於我們是否目標清晰和有堅定的信念。

和瑣碎時間相關的目標
如學習、減重：

可用的瑣碎時間
想想有哪一些活動和你的目標可以同時發生但又沒有衝突的：

回顧瑣碎時間的有效性
你用的瑣碎時間是否對你的目標達成有幫助？

語言

We should learn languages because language is the only thing worth knowing even poorly.

—— Kató Lomb

　　吉姆是我多年前的業餘籃球隊的隊友，後來我才知道他是從前上海計程車小螢幕經常播放的吳大維主持的英語頻道的創始人之一。除了籃球，我們還有個共同愛好，那就是學語言。很多人覺得學語言是十幾二十幾歲的年輕人的專利，吉姆早就過了這年齡了，但他還在學越南語和日語。他是靠什麼來驅動自己去學習呢？他有什麼好的學習語言的方法呢？

　　學語言可以說難倒了不少身居要職、日理萬機、才高八斗的人。學外語是很多人的心願，也可能是很多人一直未了的心願。既想學，又覺得永遠都不會學好。不少人也覺得學好語言是兒童的專利。麻省

理工在網上對67萬人的調查，發現如果一個人學一門外語要達到母語水平，最好在十歲前開始學習，而這種能力會在18歲開始走下坡路。我要強調的是這研究是關於達到母語水平的條件，而對年齡所得出的結論，也是在有母語學習環境下的。這研究的結論是，若要達到熟練的母語水平，一般需要在母語環境學習30年左右。

這研究可以讓學習外語的人對學外語有一個現實的認知。達到母語水平，對成人來說極為艱難，甚至可以說我們不應該以達到母語水平為目標。既然這樣，那我們是否該定一個有意義且可行的目標呢？這樣我們才會覺得實現這心願不是遙不可及，也會因此願意持之以恆。再往正面的方向想，成人學語言也有小孩沒有的優勢，例如成人有更持久的專注力，也有更多的見識來快速瞭解一些工作上的和日常生活的語言環境。

我看過一些理論說成人該像小孩一樣學語言，那樣成人也可以很快地掌握外語了。其實小孩不是學語言，小孩是耳濡目染地獲得語言。成人在學外語時很難有這樣的條件，很難有像父母這樣的人全天候地示範和灌輸語言知識。我們也不一定有小孩學語言所有的語言環境，比如我們身處國內但想學英文，周圍根本沒有無時無刻說英語的人。我認為要模仿小孩那種學習方式去獲得生詞、讀音和語法不是那麼容易的事。因此較為乏味的基礎訓練無可避免，但我們倒是可以思考一下如何為自己創造一些有趣的學習環境，盡量讓自己漸漸地像小孩那樣獲得語言。

承上面所說，接下來本文先說說目標，再介紹一下方法。

目標：一定的基礎

成人還是很有必要從一些基本文法和常用句型學起，否則以後學再多的單詞也沒辦法正確運用。沒有一定的語法基礎，也很難尋求其他較有意思的學習方法，如語言交換的學習方法來讓自己進步。上一些語言基礎班和看一些基礎語法書都是不錯的選擇。上一些語言班並多找一些同樣在學習的人，就可以瞭解到常用的課本是哪些。以我學的日語為例，《大家的日本語》和《標準日本語》可以說是日語學習基礎讀物的代表作。好的讀物會讓我們更有效率地掌握一些語法和常用結構。

目標：常用動詞

要描述日常的事，肯定離不開動詞。和名詞不一樣，動詞的數量少得多。比方說「吃」就是一個動詞，但可搭配的食物的名詞就有成百上千個。所以花時間在動詞上是比較划算的。在網上可以很容易地搜到各種語言的常用動詞。

目標：常用形容詞

要讓我們對事物描述更生動，形容詞是必不可少的。而且學了形容詞後，基本上再使用一些標準的轉變方法就可以變出副詞了。和動詞一樣，我們可以在網上搜一下常用的形容詞。

目標：常用名詞

我們可以從身邊常接觸的場景和事物開始，如家人、家居、交通、公司、學校、食物、身體、興趣等。想辦法記下來這些場景的常用名詞。從這些範疇再引申到更廣的範圍。

目標：定場景

對初學者來說，我們可以列出一些最有可能用到外語的場景，包括旅遊會遇到的一些場景（如問路、打車、餐廳、便利店、購物），遇到新認識的外國朋友所聊的話題（如自我介紹、介紹家人、工作、興趣），遇到稍微熟悉的外國朋友會交流的（如說一下週末做了什麼、今天準備做什麼）。在這些場景如果我們用母語會說點什麼呢？我們可以用母語寫出來再嘗試用外語翻譯，然後自己多讀又或者找外國朋友幫忙練習。還有一個場景我覺得很有必要提出，我有幾次無意中說了自己在學日語，結果對話中的友人居然是會日語的，然後他們突然用日語和我對話，我頓時就啞了。如果不想出現這樣的尷尬情況，我們可以事先練習一下這樣的突發考驗場景哦！

以上應該可以作為學外語的一些基礎目標了。如果我們學外語的目標是為了考級，那目標當然就更明確了，但死記硬背似乎是難以避免的方法。倘若我們的目標不是考級，而純粹是為了可以用外語和外國朋友溝通，又有什麼練習方法可以考慮呢？

方法：和外國人練習

最好的人選可以是同事和朋友，但如果真沒有外國朋友，可以在網上找。我用的iTalki是一個全球性的P2P語言學習平台，上面可以學超過150種語言，老師超過一萬人，其線上資源堪稱世界領先了。

方法：多寫作

和口語不一樣，寫作讓我們有更多的時間思考。多寫作可以讓我們更注意到語法的應用，也可以增加我們的詞彙量。我們可以找到合

適的論壇來用外語發布一些動態，iTalki也有學語言的論壇，而且上面還有很多熱心的老師和同學幫忙糾錯，讓學習者可以持續進步，也讓學習更有趣。

方法：多聽

要聽力好當然要經常聽，但一般的教科書的內容都比較過時而乏味。我們最好找到一些比較有趣和貼近生活的內容。我用的Japanese101上的內容蠻有趣的，上面的故事配音的品質就像動畫片一樣，內容也非常的時尚，而且對語法和生詞都有詳細解釋。這個語言平台上也有其他30多種語言可以學習。

方法：多看新聞

用外語看新聞可增加我們的詞彙量。有一些APP提供外語新聞的內容和即時翻譯。我用的是名為Todai的日本新聞APP。上面的新聞都是簡化過的，所以對學習者來說特別適合。

方法：看電視和電影

小時候學英文，到了一定的水平，就開始嘗試看電影，邊聽邊看著字幕，對一些聽不懂的句子，就會來回聽。時間允許的話，看電影、看電視劇是學外文最有趣的方法。我也聽說一些朋友是這樣使自己的外語能力迅速提升的。我最近看的日劇「孤獨的美食家」就是個很生活化的電視節目，而且中文和日語字幕可以同時看到，對學習很有幫助。

方法：考試

考試本身不是學語言的最終目標，但是如果我們在工作或生活中

沒有用外語的迫切性，報名考試倒是可以為自己的學習提供一些緊迫感和目標。透過做考題，我們也可以學到上文提及的各類型詞彙和語法。而且很多考試都會有聽力測試部分，這也是日常溝通的基礎。我認為報名考級就有點像報名一些運動比賽，如十公里馬拉松和半馬等，有了比賽作為目標，平常練習就會有動力了。

　　寫到這裡希望能給以學語言為心願的讀者一些新的資訊。但我更想達到的目的是讓讀者繼續保持學語言的希望和熱情。學語言和學習一項運動的興趣沒兩樣，就以學打高爾夫球為例，一般人不會以達到職業水平為目標，而是會以揮桿練習場為起點，然後試著下18洞球場，再把桿數目標定到120、110、100等等。就算我們處於初學水平，我們也會說自己會打高爾夫球，但也會補充說水平有多少。學語言也一樣，我們只要定下一些清晰的目標並設法達到，就算是初級水平也可以說自己會哪國語言，水平在什麼地步。也像打高爾夫球一樣，我們不會因為達不到職業水平而不去開始；學語言雖然達不到母語水平，但我們還是可以讓其成為一項目標或心願的。

　　凡事貴在開始。如果學語言時能定下各種小目標，並找到適合自己的有趣方法學習且加以練習，看到持續有進步後，哪怕和母語水平相差甚遠，我們還是會繼續下去，並因為多懂了一種外語而獲得樂趣和成就感。而且多會一門外語也許會對日後工作或旅遊帶來意想不到的收穫和樂趣。

吉姆學越南語和日語不是為了達到母語水平，也不是為了考級或工作。吉姆學越南語是因為他和家人去過越南旅遊，家人很喜歡越南，還在那裡投資買房了。他覺得將來會有機會常去越南長期旅遊，為了更能體驗當地的風土人情，所以就學越南語了。他學日語就是因為喜歡日本的文化，喜歡去當地旅遊，希望旅遊時可以用得上。反正這些都是各種動機。和各種堅持一樣，有一些深層次的原因是很有必要的。

　　吉姆使用的一些方法和上述的方法類似，也有一些他覺得特別適合自己的方法，比方說反覆看日語的綜藝節目。但有一點他和我以及很多學語言的朋友都同意的，就是要讓自己有更多的機會浸泡在外語的環境中，而且要盡量天天都學。天天都學，這個和音樂老師對學樂器的人的建議是一樣的。也和學音樂一樣，學語言是一種樂趣，而且這樂趣可以說是最實用的。

目標
基礎讀物	
動詞目標和資源	
形容詞目標和資源	
名詞目標和資源	
場景	
考試目標（如有）	
方法 （列出人物、資源等）	
外國人練習	
寫作	
聽力練習	
新聞資源	
電視和電影	

馬拉松

The person who starts the race is not the same person who
finishes the race.

—— Anonymous

　　小恆是一個彬彬有禮、外表柔弱的女生。我20多年前認識她就
知道她是個完全不愛運動的人。前幾年在偶然的情況下，我和她聊起
運動才知道她已經開始跑馬拉松。她是過了40歲才開始跑步的人，
她的故事對很多因年齡而不願運動的人來說是個積極的例子。在體能
和速度上，小恆只用了兩年的時間就已經超越了很多跑齡超過十年甚
至15年的跑者。她是怎麼做到的？

　　在這一章寫跑步的方法，主要是因為這運動的流行性和簡便性。
全世界跑步的人越來越多，身邊也有很多人把跑步作為目標，完成人
生第一個5,000公尺、半馬或全馬是不少人的願望。而能在四小時或

三個半小時以內完成馬拉松，更是很多業餘愛好者的心願！

本篇只有數百字，所以肯定沒辦法把各種方法詳細介紹，但希望能把一些最關鍵的要點列出，讓有興趣提升跑能的讀者可以參與這項運動。

貴在開始

如果有跑馬拉松這個心願，不要因為馬拉松的長距離讓心願只留在夢想階段。小恆並不是一開始就跑馬拉松的，而是先完成了5,000公尺的入門跑，再慢慢提升。在此之前她最多就跑過1,000公尺的距離，但跑了5,000公尺後她才知道自己的潛力，也因此勾起自己的興趣，繼續試跑更長的距離。不開始，跑長跑只會是個空談的目標。

穩定的跑量提升

練長跑切忌一天跑到累壞，然後好幾天甚至好幾個星期也不再練。除了持之以恆，跑量也切忌增長太快，一般每週增加的跑量不應比前一週的跑量多出10%。我個人覺得這提升幅度不要多於20%就好。換句話來說我們應該有條不紊地持續練習。

肌肉

練習中除了跑步還要透過力量訓練增強自己的肌肉。有了強壯的肌肉就可以減少膝蓋受傷和抽筋的機會。深蹲和單膝跪地都是有效又簡單的腿部肌肉鍛鍊方法。另外也有很多專家建議鍛鍊腹部等核心部位，這樣對保持長距離的跑姿穩定性很有作用。身軀力量不夠，腿部就會無意中遷就，最後整個跑姿會被破壞而影響速度甚至導致抽筋。

跑姿

要跑得稍快一點，我們要讓腳接觸地面的時間減少，換句話來說，我們要合理地增加步幅。比較有效的做法就是讓小腿提起時，起碼與地面平行，如果可以的話，就讓腳跟盡量靠近臀部。腳落地時要盡量用小腿和臀部力量推進自己。大腿盡量提高，膝蓋有點像泰拳的膝擊一樣往前，但要注意步幅不要太大而導致過度跨步（overstride），這樣可以較大地提升步幅。但這個動作要和步頻配合。如果使勁讓步幅增加但讓步頻下降，速度反而會下降而且也會較消耗體力。多做拉伸也會對提升步幅有幫助。總之要注意跑步姿勢但不能過於勉強，讓自己不舒服或太費力。如果有好的跑姿，跑步就會更有效，同樣的心率的情況能跑得更快，體力也能更持久。

步頻

除了步幅外，另外一個影響速度的因素就是步頻。比較公認的較佳步頻是每分鐘180，如果達不到也不低於160，除非你在長距離慢跑（Long Slow Distance，LSD）。現在很多跑步APP都有步頻提示，跑步時可以帶著耳機聽著提示音來同步自己設定的步頻。我也建議對時間比較在意的朋友可以聽這種提示聲跑步而不是聽歌跑。歌曲的拍子每首都不一樣，步頻很容易會被歌曲帶偏。

最大攝氧量

近年越來越多人關注這個指標，因為它是我們長跑能力的預測指標。最大攝氧量是我們在最大運動量時每公斤體重每分鐘消耗的最大氧氣量，其單位是ml/kg/min。簡單來說，這個數越大，一個人的運

動耐力就越好。除了去專門的體檢場所,不少運動手錶都可以測出VO2Max(最大攝取量)。想要增加這數值,可以多跑LSD,就是把心跳控制在最大心率的70%～80%(有氧鍛鍊區)並以這心率多跑長距離(十公里以上)。若在非週末期間,時間比較緊湊時,可以做HIIT(高強度間歇訓練法)來增加此數值。

裝備

這包括衣服、跑鞋還有測出自己各種指標(包括跑速、步頻、心跳)的工具(如運動手錶或心率帶)。關於合適的衣服,夏天的衣服應快乾輕便(背心是很好的選擇),而冬天戶外跑時應該穿多層的衣服,在暖身後可以脫下幾件並繫在腰上。更冷的時候應該戴上手套和圍脖。帽子在大晴天、毛毛雨,或低溫時都是不錯的跑步裝備。跑鞋的選擇五花八門,只能多試試,找到合適自己的牌子和系列。運動手錶對有要求的跑者比較適用,我在買運動手錶前只用手機的APP來測跑速,結果因為APP不準讓我配速錯誤,導致我最後達不到我的目標。運動手錶由於不受別的APP影響所以比較準確,而且也有測心率等重要功能,所以是對有要求的跑者的必需品。

訓練計畫

在各大網站都有無數關於訓練計畫的資源,市面上也有很多以馬拉松訓練作為題材的書。我開始跑馬拉松時就買了一本寫給初次參加馬拉松的跑者閱讀的書籍,裡面明確寫了16週的練習計畫。後來我又買了一本關於破四(四小時內完成馬拉松)的書,裡面也有一個清晰的16週計畫。大部分馬拉松訓練計畫也確實在16週左右,我看過

最短的也需要12週。而每週的訓練天數都在四天以上。所以要練習一場馬拉松確實需要付出時間，並需要持之以恆。

目標

雖然這並不是必要的，但預設一個目標而最後達到了，在衝線那一刻會倍加激動。這也會讓把馬拉松設為心願這事變得更有意思。而除了完賽時間，對初次參加者來說，完成賽事已經是一個引以為傲的目標了！

小恆花了兩年時間實現從從來不跑步到跑馬拉松破四的轉變。她應該是我認識的人中進步最快的其中一人。系統的訓練對她的提升極為重要。她參加的跑團，裡面的經驗跑者的指點非常有幫助，上面提到的LSD就是她的師傅告訴她的。跑團的激勵也對她有很大的鼓舞作用。但最重要的是她有一個開始跑步的原因。她的新生兒的出生讓她意識到保持身體健康的重要性。她也確實按照所定下的目標展開了練習，並有條理地逐步提升能力。

和很多夢想一樣，有了「為什麼」，並踏出第一步，離達成夢想就不遠了。

我跑馬拉松是因為:
我的完賽目標是:
我接下來要參加的賽事:(初學者可寫短距離的賽事)

我的訓練方法和資源：
跑姿
最大攝氧量
訓練計畫
我的裝備：
跑鞋
手錶
衣物

FIT

Take care of your body. It's the only place you have to live.

—— Jim Rohn

好幾年沒見到小靈，終於在我上本書的發布會見到她。會後因為趕時間，只好麻煩她開車送我。她還是像十年前一樣開著現在很少人開的手動擋車，起步還是那樣的迅猛。那麼多年不見，沒聊幾句我就問到她是否已有孩子了。她告訴我孩子已經三個月了。我恭喜她後就連忙告訴她，懷孕三個月要特別注意安胎。她馬上糾正我，並說寶寶是剛出生三個月。我看到她纖瘦的身型簡直不敢相信。她是怎麼可以在生完寶寶後那麼快速地恢復身形的呢？

我在簽售會時經常會問讀者的心願是什麼，然後我會把這些心願簡單地寫在簽名頁上，並祝讀者早日實現。聽得最多的心願肯定是關於減肥的。減肥，或者是保持好體型，對我自己來說也是一個長久的

事業,所以我也累積了些減肥的心得。所以我把一些能幫助完成這心願的方法寫在這兒以供參考。

　　減肥是一件比較容易量化的事情。除了所有人關注的體重,體脂也是非常重要的指標,所以以減肥為目標的人第一步就是要買一個能測體重和體脂的體重計,然後記錄當前的體重和體脂。體重比較大的人,定體重下降10%作為減肥目標並非不可能。但若某人目前的體重已經是成年後最輕時,體重再減10%的目標並不現實。我們也可以用BMI(身高體重指數)來判斷自己的體重的正常範圍。BMI是體重(公斤)╱〔身高(公尺)的平方〕。正常的範圍是18.5～25。若指數比這範圍超出不少,可以先把體重降到靠近正常水平,再考慮體脂。

　　倘若BMI沒有超出正常範圍,則可以把體脂下降作為減肥的主要目標。同樣體重的人,若體脂不一樣,身形差別可以很大。以40歲以下的男性為例,一些健身達人,體脂可達到12%或以下。由於肌肉量多,他們的身體就會特別緊緻,臉部也不會顯得鬆弛。同樣的體重,若體脂超過20%,人就會顯得虛胖。肌肉的密度比脂肪高,所以我們的體脂減少,肌肉量增加,我們的體重不一定會下降。雖然這個道理很淺顯易懂,但大部分的人說到減肥時只關注體重。

　　縱觀各種減脂的運動,近年很流行的高強度間歇運動法(High Intensity Interval Training,HIIT)是個很好的選擇。HIIT基本上是一連串短時間的爆發性運動。每一組大概持續1分鐘左右,目標是讓心跳達到最大心率(220-年齡)的80%～95%,組與組之間休息約

20秒左右。不少的研究證明這樣運動10～15分鐘就有相當於持續較低強度運動50分鐘的效果（包括燃脂和提升最大攝氧量）。而且也有研究證明HIIT有一定的延續燃脂作用，就是說運動結束後身體還繼續燃脂。

但要持續燃脂，還是要增加身體的肌肉量。最好的方法，除了去健身房做重量訓練，也應該配合蛋白質豐富的菜單。近年流行的便利裝雞胸肉和植物蛋白都是很不錯的選擇。而關於鍛鍊肌肉，大的肌肉群的訓練尤其重要。我看過一些關於練腹肌的書，絕大部分書都把篇幅放在大的肌肉群而不是腹部的鍛鍊上。大的肌肉群位於胸、背和腿。而小肌肉則是肩、二頭肌、三頭肌、小臂、小腿與腹肌等。大肌肉群可以每週練習一次左右，小肌肉群則兩次左右。尤其是腹肌更可以頻繁到三次左右。對力量訓練比較陌生的朋友來說，如果有條件的話，還是可以先找個有經驗的健身教練帶練一下，這樣可以更快和更直觀地瞭解一些動作和原理。

雖然練出肌肉是重要的，但不知道我們是否被健身房的廣告所影響，覺得健身是減重最有效和最重要的方法。其實，不少專家都認為食物比運動對減重和減脂來說更重要，甚至有些專家認為減重的效果75%來自於食物。如果沒有好的飲食習慣，就算很努力運動也只會事倍功半。但說到菜單，並不是少吃就可以，而且更不一定是不吃碳水就可以出效果。這幾年開始流行一種關於提高基礎代謝的飲食方式。一些人怎麼吃都不胖是因為他們的基礎代謝較快，相反一些人怎麼管住嘴還是很容易變胖，那是因為基礎代謝太慢。如何吃本身就是一本

書的內容，在這裡因篇幅所限就沒辦法展開了，但簡單來說就是人體的適應力是很強的，而且節食過久會讓身體以為身體正處於飢荒，身體就會調整激素分泌來讓我們的基礎代謝減慢，讓我們多儲存脂肪。這就是很多人在控制食量初期總是很容易看到效果，但是一久體重就下不去，甚至會上升的原因。快速基礎代謝的菜單的主旨就是讓自己身體不要認為自己處於飢荒，所以每週的頭兩天可以吃碳水，讓我們的身體不會過分儲存脂肪作為後備能量，而在每週的第三和第四天則多吃蛋白質，讓身體的脂肪釋出，並讓我們有更多的肌肉。而在第五到第七天，這階段則側重於攝取像酪梨和亞麻籽等健康的脂肪，讓燃脂發生。簡單來說就是讓身體不會適應於某一種食物。這其實和健身和跑步訓練一樣，太單一的方法很快就會讓身體適應而變得沒效果。

說了那麼多的方法，減肥可以說是一件非常科學的事。既然那麼科學，我們也應該以科學的方法記錄自己的進度，除了體重、體脂、量度三圍等尺寸外，很重要的記錄就是照片。照片中看到的肚皮和腰間的情況基本上也反映了自己體脂和體重的情況。腹部的線條是最騙不了人的。較原始的測量體脂的辦法是用一個特製的夾子測量腰間贅肉的厚度，再用一個換算表得出體脂。我發現這種古老的方法測出來的結果和用機器測的結果非常接近。如果你有勇氣把自己的減肥進程透過照片發布在社群網路上，這絕對是對自己的正面壓力。

減肥，或更適合的說法「Keep Fit」，除了保持身體健康，對延緩衰老也非常重要。這是件需要持之以恆的事，對很多人來說，它本身是一個心願，但它更是讓我們完成更多心願的必要條件。

　　小靈在生寶寶前幾年，因為腳傷而停止了運動。她當時愛上邊追劇邊吃零食，體重一下子多了七公斤，褲子腰圍也大了三個碼。她當時體脂達到了27%，已經超出25%這個公認的女性標準體脂上限，而腰臀比也達到0.82（一般認為女性的腰臀比在0.67～0.8為正常，而以0.7為最佳）。小靈一直對自己輕盈的身材充滿信心，這些數據讓她下定決心一定要讓自己回到本來的狀態，甚至要練出馬甲線來。

　　她的運動計畫是有氧加無氧訓練。接下來的三個月，她每週鍛鍊三次，每次選擇一個部位做約30～40分鐘的重量無氧訓練，接著她會做15分鐘有氧訓練。吃的話，她的食譜以少油食物為主，並多吃蛋白質，碳水則正常攝取。堅持三個月後，她的體重一點也沒下去！因為肌肉替代了脂肪，體脂則急速下降到女生少有的18%，她的馬甲線也如願出現了。

　　在小靈懷孕時，她被一個客戶問到是否已經有孩子了。她說有，在肚子裡已經七個月了。客戶還以為她開玩笑，因為她當時完全看不出已懷孕了。因為之前的鍛鍊和飲食控制，她在孕期也僅重了13公斤，如果減去胎兒的重量和她之前追劇吃零食的增重差不多！

開始時的指標		復查第一次		復查第二次	
日期		日期		日期	
體重		體重		體重	
體脂		體脂		體脂	
胸圍		胸圍		胸圍	
腰圍		腰圍		腰圍	
臀圍		臀圍		臀圍	
大腿圍		大腿圍		大腿圍	
BMI		BMI		BMI	
腰臀比		腰臀比		腰臀比	
運動計畫		運動計畫		運動計畫	
有氧運動		有氧運動		有氧運動	
肌肉鍛鍊		肌肉鍛鍊		肌肉鍛鍊	
HIIT		HIIT		HIIT	
膳食計畫		膳食計畫		膳食計畫	

S-Start 開始了再說

You never lose a dream, it just incubates as a hobby.

—— Larry Page

情人節前夕，白天文文工作如常的忙碌。她雖然因為前幾天晚上在工作室的辛勞而感到有點疲憊，但想到自己的勞動可以讓很多有情人感到滿心幸福，她覺得再累也值得了。

文文是個忙碌的管理者，但她也是個業餘的花店老闆。她沒有別的員工，每一束花都需要親自設計和包裝。經過多次的嘗試，加上研究了不少客戶的反饋，她現在的花藝水平比很多花藝老師都要專業。

這門手藝就是從一個興趣開始的。

　　　　　　　◆—◆—◆

因興趣而學習理應是件幸福的事，也絕對可以成為我們的心願。這些興趣包括靜的，例如繪畫、語言、樂器，還有動的，如衝浪、網球或高爾夫球等運動項目。因為是興趣，學習起來本該沒有什麼壓

力。可是身邊卻不乏給開展學習加上很多條件的人，讓興趣的開端充滿各種壓力。到最後這些朋友都沒有真正地享受興趣帶來的喜悅。

就以高爾夫球為例，有些想學習的人會先買一套很好的球桿，購買時似乎胸有成竹，心想花重金獲得的工具肯定能讓學習興趣如魚得水，實際上卻久久不用，似乎要等到一個良辰吉日才捨得開封。這就好比健身一樣，很多人購買了健身房會員就感覺體重馬上變輕，身體變壯實，後來卻良久不去鍛鍊。這也是健身房有那麼多非活躍會員的原因。說回高爾夫球，也有一些朋友可能是一直在練習場上練習，但卻沒勇氣去真正的18洞高球場上打球。由於光在練習場打球的乏味，這些朋友通常在這興趣還沒得到充分培養前就默默放棄了。

成人學習一種興趣的另外一個障礙，也許是自尊心，這種心態尤其易在學語言時體現。明明自己母語已經說得如此流利，幹嘛要像嬰兒一樣牙牙學語去說別的語言？這種疑問讓不少人不願意放下身段去踏出學習語言的第一步。他們擔心開口說外語會被別人取笑，結果就算學了外語也只能變成不能用外語交流的啞巴。也有些人因為不想顯得笨拙所以非得要找到最好的老師才願意踏出第一步。最好的老師我並不曉得如何找，但是老師資源倒是在網上隨處可見，而且很多資源都是免費的，還可以看到別的學習者分享的心得。這些資源對初學者來說也許比不上頂級老師，但卻讓開展學習變得無比容易。

在很多的分享會裡，我也都建議讀者不用急著找老師。先開始學習，讓自己把興趣建立起來，再找合適的老師也不遲。而且後期再找老師，我們才能更清楚地知道找什麼樣的老師最能幫到自己。就以學

畫畫為例，如果我們對畫畫感興趣，我們可以去上個美術課，課程可能會介紹不少大師的作品和歷史，也會介紹各種繪畫流派，各種繪畫技巧，但卻可能遲遲不讓學員開始創作。到最後，本來的興致可能也會因此而有所磨滅。我重拾畫筆，是在一個沒有任何準備的下午，在台北的火車站買了幾枝墨水筆和畫本就開始寫生了。後來我在網上學了一些繪畫方法，如畫三維立體的視覺消失法，也看了一些美麗的水彩寫生示範。隨後我也慢慢開始嘗試用水彩為自己的作品上色。我到現在還沒有找老師，但如果要找的話，我就比較清晰地瞭解自己現在遇到的問題，如調色和陰影的技巧等。如果我一開始就找老師，也許我就會不由自主地模仿而少了自己的風格，而且也會因為不知問題在哪裡而沒法針對性地提問從而更有效地提升自己。當然對於一些興趣，我會建議更早地找老師學習，如剛才提到的高爾夫球，基礎訓練是比較關鍵的。

說到畫畫，我在多次分享會裡發現，原來不少人都想以畫畫作為自己的愛好，不管是重拾畫筆還是從零開始學習。但是也有很多人停留在構思階段。其實畫畫不是有筆和紙就隨時隨地可以畫了嗎？何苦一定要等到一個合適的時機？最可貴的是心血來潮，這即興的熱情千萬不要被所謂的計畫淹沒。虛構的計畫就好像敷衍很久不見的朋友說：「等有空我們再約」。如果我們和來訪的興趣說：「等有空時我一定會好好開始」，這樣的敷衍了事，興趣也會悄然離開。

文文本身喜歡創作，也喜歡藝術和富有美感的東西。她覺得花藝能滿足這些心靈上的需求，而且成品還能放在家裡欣賞。想到這些，她感覺花藝這個興趣就像一份突然造訪的緣分，讓自己思潮澎湃了好幾天。可幸的是她沒有讓這心血來潮冷卻，而是馬上報讀了一個入門課。她開展這興趣前並沒有為自己設太多的條件，反正她就想快速地接觸這位陌生的訪客。她當然也沒想到後來她會如此喜愛花藝，也沒想到會有其他人欣賞自己的作品，甚至願意花錢購買。

回想起來，文文現在對當初學習花藝的決定感到滿足和驕傲。興趣愛好是份難能可貴的緣分，遇見時我們就欣然接受，不要多想，先開始吧。

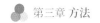
H-Habit 把興趣變成習慣

A hobby a day keeps the doldrums away.

—— Phyllis McGinley

前陣子不經意地看到宜禾的社群媒體,我看到一些拳擊比賽的照片。我還以為她是分享好友的照片而已,再細看戴著拳擊頭套的人原來是她自己。雖然近年學打拳的女生越來越多,但參加拳擊比賽的女生,甚至是男生,我都沒有直接認識的。戴著拳擊頭套的宜禾與我印象中的斯文形象實在是相差太遠了。更讓我不解的是,這位在兩年多前才生完小孩的媽媽怎麼會去打拳擊比賽呢?原來她的這項創舉與她把拳擊愛好變成習慣有關。

想要培養一個愛好並持之以恆,一個好方法就是把愛好植入日常。這樣就可以反覆加強它,讓愛好的水平越來越高。試想一個愛好寫毛筆字的人如果把練字放在每天的日常裡,再配合上合適的訓練方

法，字肯定會越寫越好。這樣每天練15分鐘比起偶爾的心血來潮幾個月寫兩、三個小時，哪一種方式會帶來更大的進步不言而喻。

　　把愛好變成習慣有兩大好處，一是不用去想什麼時候去練習，二是經常練習而獲得進步後，這樣能繼續堅持的可能性會大大增加。不把愛好變成習慣這種自動模式，那麼每次練習就可能遇到各樣的藉口。沒時間、很累、明天再開始等藉口也就會頻繁出現了，愛好肯定就難以維持。簡單來說，經常練習肯定能有所進步，而且會因進步帶來更大的動力去堅持。

　　相信很多人聽說過一萬小時理論。要做到某個領域的佼佼者，最起碼要練習一萬小時。那就是說如果每天練習三小時也要將近十年才可以達到。最近還出現了一個100小時理論。如果能對一項技能練習100個小時，那就會比該領域裡95%的人都要優秀。所以我們如果把一樣愛好變成習慣並每天訓練15分鐘，一年多一點的時間就可以達達到一定優秀的程度。當你的愛好變得優秀，你就更享受其中了。

　　那麼有什麼方法把興趣的練習變為習慣呢？這取決於興趣本身和自身（如個性和環境等）的情況。比如我把咖啡拉花作為每天早上的習慣就是一個蠻好的例子。很多人本身就有每天喝咖啡的習慣，所以學習拉花時把練習變成每天的習慣其實並不難。

　　其實把愛好或學習變成習慣，我們從小就受到這樣的教育。比如老師總教我們要天天學習，而不要在考試前才臨時抱佛腳。現在我也聽到女兒的音樂老師強調每天練習15分鐘，比一週一次性學兩小時要有效。學語言也一樣，每天說一下看一下，總比兩週一次性學兩、

三個小時要有更好的效果。要是學習變成了習慣，想學的內容也會像習慣一樣被自然地演繹出來。如果我們想自然地說出外語，把外語的學習放置在日常生活裡是最有效的辦法。

　　當然，要把愛好和習慣關聯在一起，還是需要一些心思的，尤其是當我們的愛好沒有進展的時候，我們就更要發揮想像力讓愛好更容易地植入日常生活中。比如一個想養成跑步習慣的人給自己定了每個禮拜跑兩次步的目標，兩個月後，他就覺得自己的速度提升遇到瓶頸了，有點洩氣之際，他想到一邊跑步一邊遛狗來讓跑步的愛好延續和進步。

　　愛好和習慣的關係不難理解。如果愛好沒有形成習慣而僅僅是三天打漁、兩天曬網那樣斷斷續續地維持，愛好也不會有明顯的提升。看不到自己的進步，而每次進行練習都很費勁的話，愛好就不是一種享受反而是一種壓力，愛好變成壓力，又怎麼可能會持續？如果當初把愛好的提升作為心願的話，這個心願到最後也會難以實現。由此可見，沒有養成習慣，愛好的持續很有可能會變成惡性循環。相反，如果把愛好變成習慣，就會出現在宜禾身上發生的正向循環了。

　　宜禾以前和很多人一樣，辦了健身會員後就希望健身能變得有規律。可是她也和很多人一樣，辦了會員後卻很少去鍛鍊，直到她找了一位私人教練，她才在有人監督的情況下把健身的時間固定下來。而且她鍛鍊的頻率也從最初的一週一次，逐漸提升到一週四次。宜禾懷

孕時已經過了38歲，但因為之前常有鍛鍊，體能和肌肉量都有不錯的基礎，她反而沒有一些較年輕時便懷孕的朋友出現的體力不支的情況。這讓她更認定了運動的重要性，所以在她的女兒出生兩個月後，她就又開始找教練要動起來了。

恢復鍛鍊半年後，她的健身教練建議她挑一樣喜歡的運動作為專項。教練也希望這個專項能讓宜禾有一些進步的目標，他也可以配合這個專項有方向性地設計出肌肉訓練的方案。聽到這個建議後，宜禾想了一陣子。不久後她在偶然的情況下接觸到拳擊。表面好靜的她原來更喜歡速度快的運動，所以她決定把拳擊定為專項，開始有規律的訓練。

她定好了每週的訓練時間，拳擊課堂時間占據她的日程表的首要位置，這樣別的事情也就會因學習拳擊而讓位。她漸漸地養成學拳擊的習慣，練得多了，就看到自己在反應、速度和力量的進步，有了進步她就更有興趣去維護這個愛好。有幾次拳擊教練因沒空而要臨時取消訓練，習慣練習的她馬上覺得渾身不自在了。

教練見到她練習定時而且進步顯著，在一年後就建議宜禾去參加比賽。參加拳擊比賽是宜禾一輩子都不會想到要做的事，她沒有馬上答應。再過了幾個月，教練看到宜禾的狀態越來越好了，就向她提議參加一個拳館之間的比賽。在同為健身教練的先生的大力鼓勵下，宜禾毅然接受了這個很多男兒都不敢接受的挑戰。比賽是三個回合，每個回合一分半鐘。我雖然沒上過擂台，但也試過練習拳擊，可以想像短短一分半鐘的全力出擊會有多累。練習時很怕吃拳的她在台上被打

卻完全不覺得疼，她後來笑言這是人類的求生本能。第一次上場的她最後以點數優勢獲得優勝！比賽後她更加佩服專業運動員的身體和心理素質，也更明白自律的重要性。

　　宜禾在產下女兒後，身體素質比以前都要好，肌肉量上去了，體脂也從26%降到18%，精神狀況也比年輕時更好。宜禾把愛好變成習慣，也因此愛好讓自己得以提升，讓自己對愛好的熱愛變得更堅定。「習慣」讓愛好這件美好的事情有了良性循環。

O-Open 公開自己的興趣

Never let your interests and hobbies take a back seat.

—— Richa Dwivedi

薇薇安的副業是經紀人。她的客戶並不是真正的藝人,而是她的兒子。

山姆和現在很多小孩一樣從小就有機會學樂器。他六歲開始學打鼓,以現在小孩皆要學樂器的風潮來說,六歲似乎是正合適的年紀。但其實對小學一年級的小孩來說,要持續練習實在不易。山姆自六歲起雖然經常練習打鼓但進步緩慢,直到十歲那一年,山姆媽媽想到一個方法,不需要多督促卻能讓山姆愉快地練習。

讓興趣得以持續的方法之一就是讓自己的興趣公諸同好。這就好比讓家裡整齊的好方法就是常邀請朋友到家做客。我們知道要給客人呈現一個較好的自己,所以平常就算沒有收拾的習慣,因為有客來

訪，收拾家裡的驅動力也會大增。而且不僅僅是收拾，我們甚至會有動力去學如何烤個蛋糕來款待來賓。這樣的外來動力讓我們收拾屋子的心情變得和平常不一樣了，因為這樣多了一些元素：期待、分享和炫耀。我們期盼著來賓看到整潔的家居、我們希望分享家中的好物（如美味的糕點飯菜）、我們想炫耀一下家裡精緻的擺設和傢具。雖然聽起來比較俗氣，但是外界的壓力確實可以讓我們更有動力。

轉換到興趣中，這就不難明白讓自己的興趣得以延續的方法就是創造公開的機會。比如，你的興趣是烹飪，但一想到要買菜和準備食材，然後還要花一、兩個小時來烹調，你可能就不願意開始了。那麼最好的方法就是定一個時間讓你最好的親友來品嘗你的手藝。這樣再麻煩的準備工作都會變得有意思起來。

這裡的重點在於創造公開的機會。而且需要大膽嘗試。如果你的興趣是畫畫，你可以來一次專門給親友辦的畫展，如果你的興趣是學習語言，你可以在一場特別的聚會上用這語言進行一次演講。如果你的愛好是跑步，那麼就一定要報名一次賽事，比賽前就告知身邊好友。不要怕難為情，不要怕失敗，好友十之八九都會鼓勵你的，就算偶爾聽到逆耳的忠言，那就當成一個震撼教育的機會，讓它成為你繼續提升的動力。現在有那麼多的自媒體，要公開自己的興趣就更加容易了。

山姆十歲那年，他的母親開始安排他與別的小朋友排練。排練本

身也是一種公開的活動，因為自己的技術會被樂隊的其他成員直接看到。山姆媽媽也利用各種機會，讓小樂隊有演出的機會。我最近看到山姆的演出就是因為山姆媽媽的「毛遂自薦」，山姆的樂隊後來還與我的樂隊在同一場合演出。看到這些年輕人的演出，我一方面讚嘆他們小小年紀已經有成熟的氣場，另一方面也羨慕他們有循循善誘的家長。

很少有人能把興趣變成事業，但我們卻可以用各種有創意的公開形式，讓自己的興趣變得更有趣，也為自己帶來更多的正向壓力，讓興趣變成自己的終生伴侶。

T-Teacher
不用急著找老師

A good teacher is merely a catalyst.

—— Bruce Lee

　　小甄小時候有一個不怎麼愉快的經歷。在學校的舞蹈表演前，她在後台做最後的排練時，突然被老師換下了，理由是她的手腳在那時特別不協調。最終小甄只能看著替補同學表演她自以為極為熟悉的舞步。本來對舞蹈還蠻有興趣的小甄，頓時非常失落，甚至開始覺得自己是個「舞盲」。往後的很多年，跳舞成為小甄心裡不敢觸碰的「痛」。直到時隔多年後，在全球疫情的高峰時期，她在家的時間變多了，想到幼年時的遺憾，就隨便看了看網上的舞蹈示範。之後她有點蠢蠢欲動，希望再重拾這遺棄多年的興趣。這次她能擺脫自封的舞盲稱號嗎？

　　不少人開始一樣興趣會想到先找一個教練或導師。這想法本身沒

什麼錯，但我們有時候會因為想要先找到教練才開始某一個興趣，反而導致這個興趣遲遲不能開始。例如學語言我們可以找個導師或上個課，但我最近看到一個會多種語言的polyglot（通數國語言的人）用一年時間學會特別難學的阿拉伯語，他並沒有找老師，反而是找了其他的資源，如語言交換，還有找會說阿拉伯語的朋友聊天，而非真正的老師。

　　這位polyglot是一位老師，他的學校有不少說阿拉伯語的學生。他也就利用這些身邊的資源作為自己的老師。也許很多身邊的親朋好友可以成為你的啟蒙老師。例如你想學烹飪，最方便找到的老師可能就是平常做飯給你吃的那一位，也許是你的媽媽、太太、丈夫，或阿姨。問問他們，你就馬上能知道一些在烹飪書都不一定會示範的基本技巧了。

　　如果你想學跑馬拉松，那就先問問發現身邊常跑馬拉松的朋友。跑步真的是系統性很強的運動，但有趣的是，我每週在街上跑步，發現路上不少的跑者都有明顯的跑姿問題。這也許是我們從小就會跑，自創的跑姿錯誤了也沒有人指導的緣故。問問身邊的一些「前輩」，問問正確的跑姿是什麼樣的，跑鞋該買什麼樣的，以及一些訓練計畫的建議。這樣練習起來肯定事半功倍。

　　除了身邊的人，身邊也有很多學習工具。自社群媒體興起後，各種類型的教學短片唾手可得。各類達人為了記錄也好、成就感也好又或個人利益也好，紛紛把自己的經驗分享到網上。我們現在不找老師就可以學到自己所愛的興趣。我更建議先用各種資源開始自己的興趣

之旅，再找合適的教練或老師。這樣不用擔心類似小甄那樣因老師而起的打擊，也不用因找不到老師而讓興趣變得遙遙無期！

　　好好搜索的話，在線下也可以找到較為便利的學習資源。我第一次真正嘗試咖啡拉花是在一個週末下午的體驗課。那一節課大概有七、八個初學者，老師把一些基本的咖啡豆知識和打奶泡的方法告訴了我們，也示範了好幾種拉花圖案。雖然我當天完全拉不出任何圖形，但這節短課卻是個重要的起點。我也從這位老師得知後來給我一對一上課的第一位老師的聯繫方式。

　　所以不用急於找老師，用各種方法先開始學吧。這樣一來我們會更清楚地知道自己欠缺的是哪方面，之後就方便找到更適合的老師，也方便讓老師更有針對性指導我們提高某些薄弱環節。我們更不應該因找不到好老師而把興趣擱置。

　　本篇也是關於興趣學習四個小篇章的最後一篇。第一篇Start（S）希望鼓勵大家有興趣的話就先開始吧。第二篇Habit（H）是建議大家要想辦法把興趣的鍛鍊放在忙碌的日程中，變成習慣。第三篇Open（O）希望鼓勵大家把興趣公開，這樣將讓我們覺得我們的興趣更有意思，更能把興趣當成自己的終身伴侶。這篇Teacher（T）則是提醒我們不要把找老師變成學習興趣的前提條件而應該先尋找各樣的學習資源，甚至可以把「找老師」放在更靠後的次序。這幾個英文字母加起來就是「SHOT」。 我也希望各位可以對自己的興趣有「give It a SHOT」 的態度，嘗試一下吧！

小甄在網上沒有壓力地、慢慢地學習一個又一個動作，居然拾回2、30年前失去的信心。跳舞有了感覺，身體的協調性隨之而來，小甄也不再覺得自己是個舞盲了，跳舞帶來的快樂也應運而生。小甄也開始知道自己喜歡跳什麼節奏、什麼類型的舞蹈。她後來就去報讀了一些舞蹈大班。學了一、兩節課又瞭解到自己哪些動作最生硬，哪裡的筋骨柔軟性最差，可以有針對性地去訓練了。她後來試過找一對一的老師來加強訓練。

　　小甄用半年的時間掌握了好幾種舞蹈。她在不久前還嘗試過做老師，教一些初學者一些基本舞步。如果她一直把找到一個好老師作為她學習舞蹈的第一步，也許她現在還沒有開始學習，也還一直抱有小時候的遺憾。

我的興趣是

Start 開始	
我要開始這個興趣因為	
我會怎麼樣開始	

Habit 習慣	
我會怎麼樣練習	
我會怎樣把練習變成習慣	

Open 公開	
我想到這樣的公開方式	
我會在這個時間／機會公開	

Teacher 老師	
這是我會參考的免費資源	
我會專門找老師提升這些方面	

貴人貴事

Inspiration exists but it has to find you working.

—— Pablo Picasso

　　小美是我一位好友的女兒。我認識她時她還是名高中生，當時她正思考自己的本科選擇。後來她進入美國著名的大學攻讀文理學位（Liberal Arts）這門涵蓋範圍很廣的學科。幾年後再聽說她時，我開心又意外地得知她已成為一名頗有名氣的年輕藝術家了。我總覺得不論從事哪一種類型的藝術，能熬出頭的人可以說是寥寥可數。要成為藝術家需要極大的勇氣。我很好奇當初是不是某一件事或某一個人讓小美決定走上這條不平凡的道路？

　　當我們年輕還未形成自己的各種觀念時，我們更應該多去接觸各種人事物。少年像還未成為蝴蝶之前的蛹，充滿了可塑性。眾所周知的蝴蝶效應也許早已發生在我們身上，當初的一點觸動可以對未來產

生巨大的影響。

　　我們的心智很大程度受我們遇見的人和事的影響。回想過去，對我們有重大影響的人物和事情的出現總是充滿了巧合。影響我們的人可能是表面嚴厲但內心善良的老師或願意和自己談心的老闆。影響我們的事可能是一次與摯友敞開心扉的對話，甚至是聽一位素未謀面的前輩訴說人生。這些人和事都在無形中影響著我們的觀念。雖然很多人和事是可遇不可求的，但我們也可以嘗試製造自己遇見這些貴人和貴事的機會。以下一些方法可以增加我們遇到這些人和事的機會。

　　閱讀

　　We are what we read。趁有空多閱讀，尤其是多閱讀一些人物傳記。一些真實的、沒有被美化的人物傳記就更好了。應該很多人看過賈伯斯的傳記，得知他的貴人是他的天才友人；讀了布蘭森的傳記，知道他的貴事是在學校辦了雜誌。我一直都不覺得我們必須要以成為偉人為目標。但我們也許能透過閱讀這些傳記思考什麼是自己有興趣的發展方向。看過偉人走過的路也許會讓自己更勇敢地嘗試新的構想。

　　多接觸不同事物

　　一個培訓班、一次演講、一群友人的聚會都可能開啟一條新的道路。我們迷茫時更應該多參與不同的活動，多和現場的人交流，多獲取一些靈感。新的點子是很難透過自己思考而來的。

　　主動尋找導師

　　當我們想要學點什麼時，我們總可以找找導師。導師可能就在我

們身邊，關鍵是我們願不願意放下身段多和不同的人接觸並說出自己要尋求幫助的領域。想起當年我MBA畢業，開始對人生感到迷茫，我就和無數個學長學姊溝通。現在我還能想起一些他們說過的話。一位學姊就跟我說過，我們永遠不會準備好，想做就開始吧。我到現在演講時也會經常提到這想法。

很努力地去做一件事

和同學、同事或隊友很努力地完成一個項目，你可能會有機會發現自己喜愛的是什麼，不喜歡的是什麼，自己的能力的極限和心理極限在哪裡。如果我們能樂觀地面對完成一件事過程中的艱辛和失敗，那這件你正在努力做的事很可能就是自己熱愛的事。

利用經歷重大事件後的失意

當我們遇到極端的事情，如差一點失去性命、失去了生命中重要的人、失業等比較重大的事情，我們不用悲痛太久。想想這些事能帶給我們什麼正面的人生觀和價值觀，我們可能會更有勇氣去嘗試過往不敢觸碰的夢想。

小美在大學第三年修讀了一門陶瓷課，她之前沒有接觸過藝術創作，這課程讓她第一次體會到創作帶來的滿足感。經過思考她決定轉讀藝術，畢業前她已經確定全職藝術家就是她的事業。她最後選擇了毛線這種常見的物料作為作品的原材料。在短短兩、三年裡，小美已經在藝術圈裡闖出名堂來了。

現在看來，那門陶瓷課也許是影響她的貴事，但這並不是讓她選擇成為藝術家的全部原因，而是一把打開她心扉的鑰匙，讓她更清楚地知道自己的熱愛是什麼。後面的各種嘗試同樣重要——失敗、喜悅、反思等一系列過程，最後讓她選擇成為全職藝術家。接下來是後來的專注和努力才讓她取得現在的成績。

上面的各種建議能增加我們遇到貴人貴事的機會，把我們塑造成為更好、更快樂的自己。但就算我們遇到貴人，聽到其無價的一席話，若我們無動於衷，不去嘗試的話，貴人也是發揮不了作用的。

閱讀
我會閱讀這些傳記：

事物
我會透過以下來增加自己接收新事物的機會：
演　講 ＿＿＿＿＿＿＿＿＿＿＿＿＿＿＿＿＿＿＿＿＿
活　動 ＿＿＿＿＿＿＿＿＿＿＿＿＿＿＿＿＿＿＿＿＿
培訓班 ＿＿＿＿＿＿＿＿＿＿＿＿＿＿＿＿＿＿＿＿＿

導師
過往遇到過的導師：
＿＿＿＿＿＿＿＿＿＿＿＿＿＿＿＿＿＿＿＿＿＿＿＿＿＿
我會主動尋找的導師：
＿＿＿＿＿＿＿＿＿＿＿＿＿＿＿＿＿＿＿＿＿＿＿＿＿＿

努力之事

我曾經很努力做過這樣的事：

_____

雖然很艱難但我因為這些原因而堅持下來了：

_____

_____

_____

重大事件

我回想到這樣的重大事件：

_____

對我的啟發：

_____

_____

_____

第四章

持續

很多心願的實現都需要持之以恆。比如鍛鍊身體，絕對不是達到體重目標後就可以放任不管，而是要設法維持。這一章提到一些能讓自己堅持下去的方法，還有一些幫自己找出更多時間去完成心願的方法。最後一篇關於常青的文章則是回應第一章關於心態話題。常青的身體和心態是我們持續找尋自我和實現夢想的必要條件。這章談到的堅持還可以賦予我們正能量。工作時遇到挫折，想到自己還在堅持鍛鍊身體或學習，你就會記得自己是個不輕言放棄的人，遇到挫折也不怕。這樣的機制，就好像走路不穩時，又找回平衡的感覺，幫助我們不至於真的跌倒。持續實現自我就是一種平衡生命的機制。

最佳睡眠

Sleep is that golden chain that ties health and our bodies together.

—— Thomas Dekker

　　貝姐絕對是我熟悉的人當中精力最充沛的。她是一家跨國公司中國區的負責人，不僅僅要領導一個龐大的團隊，還要管理眾多的經銷商，也要經常和不在同一時區的總部開會。她還是同學會的主席，帶領同學會的幹部組織各種活動。她也是一個商會的副會長，為商會會員爭取權益和表達意見。她之前還經常在一些自媒體中推廣各種美食。不僅如此，很多消遣性質的聚會上也都會看到她的身影。雖然她那麼繁忙，但我每次見到她時卻看不到她有絲毫倦意。她怎麼好像比別人有更多的時間？且為什麼她能時刻保持精力充沛呢？答案原來在我們既熟悉又陌生的活動中。

我們都知道睡眠讓我們更有精神去面對每天的挑戰，讓我們在重要時刻發揮得更優秀，而且讓我們更容易感受到身邊的美好。很多夢想都需要好的發揮，如完成一場馬拉松或者是一次現場表演，如果因睡眠問題導致狀態不好，那我們實現夢想的品質也會受到影響。

　　每天睡多少才夠是因人而異的。雖然公認的成人最佳睡眠時間為六～九小時，但我也認識一些睡眠時間少於六小時但仍精神飽滿的人。有研究指出這些人只需要較短睡眠時間的現象是基因造成的。睡多少和年齡也有密切關係，老年人產生的褪黑激素比年輕人少，所以年紀大的人睡得較少。不管如何，重點是我們要找出適合自己的最佳入睡時間和睡眠時長。入睡時間的規律性和睡眠的時長都非常重要。

　　睡眠的週期分為入睡期、淺睡期、深睡期和快速動眼期（Rapid Eye Movement Sleep，REMS）。 深睡期對我們補充能量舉足輕重，光躺在床上而沒有進入深層睡眠對恢復體能的幫助較少。有幾次長跑訓練前我的深度睡眠品質一般，結果跑步時我感覺特別累，心跳也比較快。另外，快速動眼期則對我們的創意和記憶尤為重要。

　　一般人的睡眠有四到六個睡眠週期。我們一開始的睡眠週期較短，越往後的睡眠週期越長。開始的睡眠週期深度睡眠期較長，後面的睡眠週期動眼期較長。所以入睡時不被打擾對我們爭取更久的深度睡眠比較重要。下半夜我們的快速動眼期較長，我們做夢的機會也變多了。如果我們記得自己做的夢，有可能是因為我們在快速動眼期被

突然打擾而醒來。這幾個睡眠階段的長短因人而異，但專家認為深度睡眠的時間應占睡眠時間的15～35%，淺睡時間占比則應少於60%，快速動眼期時間占比應在20～30%。要測量各個睡眠階段的時長則要依賴下面提到的佩戴式裝備了。

　　除了各個睡眠階段的長短，怎麼起床也非常重要，起來的時機不對，就算我們睡的時間很多也無濟於事。最佳的醒覺時機就是在我們淺睡時，如果我們在深睡或快速動眼期突然醒來，對我們身體的衝擊是非常大的，而且整天都會覺得沒有精神。既然我們不能控制自己的睡眠階段的準確時長，我們應避免鬧鐘把我們從深睡中狠狠叫醒，而應讓自然光慢慢把我們從深睡或快速動眼期過渡到淺睡期再醒來。現在也有一些透過光線喚醒人們的鬧鐘和一些鈴聲逐漸變大的鬧鐘APP，讓我們可以更自然地被叫醒。

　　要減少對鬧鐘的依賴，好的睡眠規律也很重要。擁有良好的睡眠規律就等於擁有一個穩定的生理時鐘，除了起床時不那麼費勁，入睡也會容易得多。除了透過規定自己的入睡和起床時間來設定自己的睡眠規律，我們還可以用一些外在的因素。最好的外在因素就是太陽！包括人類在內的大部分動物的作息說到底就是依據日出和日落的時間。所以當夏天太陽升得早時，我們也可以把自己的入睡和起床時間往前提。總之我們應該有更穩定的睡眠規律以提升睡眠品質。

　　說到睡眠品質，它也是由一定的指標來定義的。比如入睡所需的時間，專家認為30分鐘內能入睡較好；還有半夜醒來的次數，最好不要超過一次；還有半夜醒來的時間，最好少於20分鐘。另外就是

睡著的時間占整段床上睡眠的時間應該在85%以上，這也被稱為睡眠效率。舉例，一個人在床上的睡眠時間是七小時，假如他花20分鐘入睡，半夜醒來20分鐘，那他的睡眠效率是90%（六小時20分鐘／七小時）。

　　半夜起來和醒來的次數跟我們的生理和心理因素有很大的關係。如果我們前一天比較累，半夜起來的機率會較小，而如果我們晚上水喝多，醒來去洗手間的機會當然也會變多了。而心理方面則很大程度上取決於壓力。壓力大可能是因為一些未了的心事，比如工作上的壓力。那麼我們則要好好想想壓力的來源，和解決它們的方法。我們要麼有方法，要麼就把問題定性為不重要的，最怕的情況就是不管大小問題都想要解決，而又因沒有解決方法導致憂心忡忡。也有很多人認為壓力可以透過運動或冥想來減輕。當然有壓力的人都知道，壓力本身不是想解決就能馬上解決的，但如果我們相信壓力是能解決，並有所行動，那就已經是個很好的開始。

　　除了個人的生理和心理因素，臥室的環境也對睡眠品質有影響。臥室是完全漆黑還是有些微弱燈光？是完全安靜還是要有一些白噪音？是較冷還是較熱？還有床墊和枕頭是否舒適？半夜是不是常有蚊子的打擾？這裡就不一一述說這些環境因素，總之關鍵是找到合適自己的各種外在因素，並做出相應的調整（如用播放白噪音的APP、換個枕頭、加個紗窗和調低房間的溫度等等）。

　　說到工具，前文提到近年流行的佩戴式裝備，我們也可以用它們監測自己的睡眠規律。我的運動手錶就有這個功能，如果沒有這種裝

備，手機也有APP可以透過分析呼吸聲音來計算睡眠品質。有了這些
工具，我試圖對比自己的睡眠規律與之前學到的關於睡眠的知識是否
一致，也試圖找出一些對我適用的調整方向。我發現上半夜的睡眠確
實是深度睡眠較長，所以這段時間的睡眠環境特別重要。每天入睡的
時間都差不多，確實對入睡更快，很有幫助。早晨被吵醒真的會讓人
整天都不太有精神。自然醒時就算睡眠總時長不長，我也情願早點起
來。早上醒後勉強繼續睡，後來若被鬧鐘鬧醒，我反而感到全天都沒
有精神。

　　以上當然只是我對自己睡眠規律的分析。但我也特別建議大家應
該對自己的睡眠有更多的瞭解，讓自己知道怎麼透過更好的睡眠讓自
己擁有更佳狀態。我們可以瞭解怎樣的入睡時間和睡眠時長能讓自己
第二天起來的感覺更好。這感覺包括身體上的，比如自己心跳有沒有
特別快，運動時有沒有特別力不從心。這感覺也包括精神上的，除了
精神是否萎靡，還有就是心情是否特別惡劣和焦慮，對事物提不起興
趣。如果出現這些情況，可以分析一下自己的睡眠規律，並與精神和
身體狀態較好時的睡眠規律比較一下，得出一些最有利於自己的睡眠
規律，並想辦法做出調整。

　　貝姐每天的睡眠時間不算特別長，也就是六個小時左右。可能是
她的睡眠規律，讓她的睡眠變得有效率。她的睡眠規律是小時候就開
始養成的。那時她的父母不讓家裡小孩看當時很受歡迎的每晚九點播

放的綜藝節目，讀小學時她也都是在八點多就入睡。多年後貝姐成家有孩子了，她也會堅持與先生和小孩一起在早上七點左右共進早餐。透過每天有規律的事項，她也把睡眠規律培養了。她現在基本上在12點睡，在六點左右起來。

規律的作息有助提升睡眠品質，貝姐的處事方式也讓她減少憂慮。她的做事計畫性很強，所以很少面對突如其來的期限。她會提前讓同事介入幫助，群策群力去完成工作。她也很少會讓憂心的事放在心裡太久，她會積極地想出一些解決辦法。對於一些難題，她會把困難分解，聚焦在最重要的兩、三個點上努力克服問題，其他小的問題，她要麼讓其他人去解決，要麼乾脆拋諸腦後。沒有了燃眉之急且少有懸而未決的問題，她自然不會在半夜被憂心的事驚醒而影響睡眠品質了。有了好的睡眠品質，哪怕是睡眠時間是成人所需睡眠時間的下限，貝姐也能精力充沛，而且還能比其他人完成更多事情。

睡眠當然是個既熟悉（因為我們每天都會做）又陌生（因為我們睡覺的時候自己沒有主動意識）的活動。可幸的是現在有很多科技可以讓我們更瞭解這項活動。但睡眠有時又像一隻難馴的野獸，當你越想馴服它時它就越反抗，你用平常心對待它，它反而會變得溫順。

睡眠好與壞，對我們的精神狀況有直接影響。精神狀況好，我們就更樂意去擁抱身邊的美好，更容易接納各種可能性，也更願意去接受新的挑戰。所以好的睡眠肯定能讓我們有更開懷的心去訂立新的心願，也會讓我們更有精力去完成這些目標。

最後祝各位晚安，每晚都是！

睡眠檢測

穿戴：_____ APP：_____

我的較佳睡眠規律
入睡時間
睡眠時長
前一天做什麼會對睡眠品質有幫助？

我的睡眠

日期	入睡時間	起床時間	睡眠品質 如多久入睡， 半夜有醒嗎	如何起床的？ 自然醒？ 鬧鐘？	第二天的感受 身體／精神／ 心靈	前一天的記錄 有否運動／午覺／ 工作忙碌嗎？

聆聽身體

Your body is your best guide. It constantly tells you, in the form of pain or sensations, what's working for you and what's not.

—— Hina Hashmi

　　肋骨斷了該有多疼！大家應該會以為這樣的受傷是運動造成的，甚至會猜想這是否因打鬥引起。大家應該不會想到這居然發生在一位談吐溫柔、態度友善的女生小納身上。

　　小納的肋骨到底是怎麼斷的呢？在這次痛苦經歷發生之前，她以為自己只是和身邊很多人一樣因為壓力比較大導致身體出現各種小毛病。但其實身體的問題在她身上埋伏已久，只是她忽略了身體給出的信號而已。

　　我們平常走路時，不會意識到自己在呼吸，也不會感覺到自己的心在跳。但當我們激烈運動後，我們會感覺到自己的呼吸急促，也會

感覺到心跳加快了。這是一種自我保護的本能，身體提醒我們要把運動量降低，否則後果可能會很嚴重。

這種身體信號不單在運動時會出現，當我們睡不好、吃得不健康、壓力太大時，我們的身體也會釋放信號讓我們做出調節。如果我們持續地忽略這些信號，我們很有可能會像小納這樣遇到突如其來的身體崩潰的情況。

如果我們及時判斷並對小的訊號做出反應，我們還是能避免很多小毛病的發生。有幾次感冒後，我回想起來都是之前幾天太累而導致抵抗力下降，加上在空調房待久了又沒有讓自己暖起來導致的。現在遇到身體感覺冷的時候，我會摸一下自己脖子，如果脖子涼我就要馬上添加衣服了，否則喉嚨一開始疼，感冒就很可能開始了。

對於小毛病，我們可以根據自己的經驗總結類似的自我保護方法。對於大的潛在健康問題，我們現在也很習慣每一兩年做一次體檢，儘管這樣也難以確保下次體檢前身體沒任何毛病。若能及時聆聽身體發出的信號，就算沒有體檢，我們也能更快地發現問題並尋求專業的幫助，從而更早的康復。我們身體恢復後可以做自己喜愛的事。若我們身體老有毛病、精神萎靡、力不從心，很多心願也會因此受到影響了。

以下是一些我們可以注意的信號：

睡眠──睡眠品質和我們的生活習慣息息相關。如果我們睡眠品質突然下降或有失眠現象，除了很多人認為的心理原因，也可能是心臟問題、糖尿病、腎臟問題引起的。

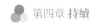

心情——如果心情突然有較大的轉變，如心情變得憂鬱，對喜歡的事提不起興趣，食慾不振和睡眠習慣改變等，這些都是心理上的信號，若情況持續，那我們應該開始重視和尋求幫助了。

長期的痛楚——如果身體哪裡有長期的疼痛，哪怕是小的痛楚，都很有可能是出現了慢性的問題，也許是器官的問題，也可能是肌肉和骨骼的問題，若不及時求醫，可能會讓問題惡化。

短期的痛楚——通常是運動時受傷引起的。我們雖然不喜歡疼痛的感覺，但它卻是最明顯的信號。若我們不理會痛楚的信號而繼續運動，問題很有可能會迅速惡化。最簡單的例子是跑步時穿了不合適的襪子導致腳底疼痛，如果繼續跑腳底可能會磨出水泡甚至掉皮，那就得休息一兩個禮拜了。

食慾——不知道大家有沒有突然很想吃某一種食物的經歷？我們的食慾對我們身體所缺的物質反應非常靈敏。如果我們的食慾突然有明顯的改變，而且持續較長時間的話，這也許是疾病導致身體缺失了某些營養。

累——這是最常見但也是最容易被忽略的信號。現在我們似乎普遍認為累就是正常的工作和家庭壓力致的，但也許累的背後有更大的原因，如貧血、甲狀腺功能減退、糖尿病等。眾所周知，如果太累免疫力就會下降，我們身體對抗病毒和病菌的能力也會下降並引發各種疾病。長期疲倦更是引發猝死的重要原因之一。

還有其他突然的改變，如身體出現類似小腫瘤的腫塊，吃完某種食物後皮膚出現過往沒有的過敏症狀等，都是一些重要信號。其中一

些問題也許是免疫系統因過勞或壓力過大而紊亂所導致。我們也應盡快對工作節奏和生活規律做出調整，看看情況會否改善。如果情況持續就應該盡快求醫了。

　　以前聽說如果我們感覺不到身體的存在，那身體就是在最佳狀態了。所以反過來說，當我們因身體某些部位不適而感到其存在，我們也必須要有所警惕並持續關注。否則等到小事化大時，我們想做的事、想達成的心願會因此受到影響。

　　小納在肋骨斷裂後回想過去的一年，她身兼二職，幾乎每天工作 16 小時。早晨九點她開始在公司開會，處理國內的事情。下午到晚上，她和歐洲的同事開會、溝通、對接工作，還常常忽略掉晚飯，工作到晚上甚至凌晨後。壓力巨大之餘，看似不起眼的咳嗽始終在持續。直到有一天午飯時間她和同事聊天時咳了一聲，隨即聽到咔嚓一聲，後背的某一處開始劇痛無比，甚至連呼吸也疼痛。到了醫院檢查，才知道她把肋骨咳斷了！

　　接下來的幾個月，那根肋骨好不容易在痛苦中癒合了，但小納的工作壓力和焦慮並沒有減輕，在不久之後另一根肋骨居然也被咳斷了！這次小納不敢怠慢了，去看了耳鼻喉科，她才知道自己的慢性咽炎已經演變成呼吸性哮喘。雖然沒法確定過敏原，但能確定這是免疫力太差造成的結果。這真的是名副其實的積勞成疾。

　　小納現在特別注意鍛鍊身體。雖然她懊惱當初沒有及早關注身體

的各種不適，但也因為這次經歷意識到身體會因為自身的問題而給出各種信號，包括倦意、情緒變化、疼痛等。雖然這些反饋在開始時可能是輕微的，但我們卻不能忽略，而應該用心聆聽。

聆聽身體 請記錄以下方面，有什麼不尋常的變化

日期	睡眠	心情	長期痛楚	短期痛楚	食慾	疲憊	身體其他改變	針對上述問題我會做出這些調整

群組的力量

There is immense power when a group of people with similar
interests gets together to work toward the same goals.

—— Idowu Koyeniken

　　艾迪不是一位我們想像中典型的IT男。除了從事計算機行業，他
還是一位好動而熱心的健身教練。他幾年前讀完私人教練課程後並沒
有去健身房執教賺外快，而是選擇無償地教身邊的朋友HIIT課程。一
開始，他這麼做純粹是因為覺得三兩知己一塊運動是件樂事。但後來
參與課程的人越來越多，他還引導群組去做了件很有意義的事……

　　如果你的手機能統計各個APP的使用時長，那就不難發現我們使
用最多的APP原來是社交軟體。裡面的各種群組多得難以應付。這些
群很多是工作群，但也有不少群把相同背景的人連在一起。而這些群
裡聊的內容，除了工作外，還有從世界大事到無聊八卦的各種資訊。

還有一些群組和各種愛好相關，這些群組對達成心願也可以發揮不少的作用。這裡我先用微信群等常用的社群媒體群組作為本篇的開端，但是群組不僅僅存在於線上，就像艾迪發起的群組就常在線下聚會，以互相鼓勵和促進。那麼群組有什麼功能呢？有益的群組會帶給我們什麼呢？

資訊

共同興趣群組提供很多細節資訊。這些資訊在如書本和網站這樣常規的地方是找不到的，而且群組新人可以在群組中問到各種圈內訊息，非常方便。我自己有這些群組：速寫群組、咖啡群組、音樂群組和鐵人三項等群組，而我在這些群組中，得知了很多展覽、聚會、學習和比賽的機會。

學習

有些群組可以提供互相學習的機會。比如在學習語言的群組可以找到一些和自己水平相當的朋友用外語來討論一些大家感興趣的話題。我也試過與一些在學中文的日本朋友各自用自己學習的語言來對話，因為彼此的外語水平相仿，不但沒有相互嫌棄，反而還有相互鼓勵的作用。我還參加過一些運動群組，他們會經常組織一些免費的集體運動活動，裡面也有一些有經驗的人會告訴新人一些跑步或HIIT等運動技巧。

壓力

一些群組會定下一些目標讓組員去完成。最常見的壓力群組應該就是跑步群，很多跑步群組都要求組員每週打卡。有些要求比較嚴苛

的群還會對打卡情況欠佳的群友罰款。這種聽起來有點過分的做法確實對很多還沒養成習慣的新手有推動作用。

交友

群組也提供機會讓組員之間相互結識並請教個別問題。我就曾在一個速寫群裡，主動認識了幾位常在群裡分享水彩速寫技巧的大神級群友，然後我把一些自己的作品單獨發給他們，並向他們請教了一些繪畫技巧。他們全都非常樂意給予寶貴意見。

鼓勵

我自己公司內部就組了這樣的運動群，群成員不管做什麼運動，是跑了五公里，是打了一次拳擊，還是上了一節舞蹈課都可以打卡，其他同事就會按讚。按讚是免費的，但被讚的人還是會得到運動後的精神鼓勵。這種友善行為可以讓群友有堅持運動的動力。

公開

後來我試過把自己的畫作放在群裡。有時候發布的作品會得到一些群友的按讚鼓勵，有時候沒有任何人回覆。但不管怎麼樣，這樣的公開行為也是一種完成作品後的自我鼓勵。

《Power of Habit》一書提到養成習慣的一個重要因素就是要有一個群組製造互相支持的氛圍。在我們追尋自己的夢想和學習自己喜愛的事情時，如果沒有和其他人互動，成功的機率就會變低。群組是一種無形的力量，它可以加強彼此的信念。個人本來覺得不可能達成的目標在群組中都可以變成可能。

艾迪發起了一個挑戰，他讓群組裡的組員拍了一張自己健身前的照片。然後要大家把身材練好後再拍一張對比照。參與活動的人都要捐錢去幫助有需要的人，而誰在前後兩張照片的變化最小的人則要捐更多錢。

結果第二張照片中的人都練出好身材，男的都有腹肌，女的都練出馬甲線。很多有健身基礎的人想要達到這樣的效果都不一定能成功。艾迪群組裡的健身成員卻在短短幾個月就練成讓人羨慕的身材，原因也是這個群組。組員除了可以在群中學到正確的HIIT技巧，還因為這群組養成了健身的習慣，而且得到隊友們的互相激勵，彼此推動。群組讓個人完成不了的目標變成可能。

艾迪除了是IT男和健身教練外，還是個義工。除了捐出群組募得的款項，他還會調動組員一起去幫助有需要的人，例如他們會一起為弱勢群體派送便當。我問艾迪，他覺得為什麼群組可以讓目標成真？他說了個很淺顯的道理，因為群組讓大家快樂。群組除了增強成員彼此的信念，也讓原本艱辛的活動變得更有趣，難以達成的目標變得更容易實現。因而透過群組的力量，成功的機率自然會增加了。

群組力量

我的心願、興趣
我的興趣／心願是：

學習
我想要學的知識是：

壓力
壓力就是動力，我想被推動以達到這樣的目的：

交友
我想透過群組認識怎麼樣幫我維持興趣的群友：

鼓勵
我希望群友能給我這樣的鼓勵：

公開
我希望透過群組這樣的公開我的興趣：

我會在這些地方尋找群組以幫助我更好的學習及維繫我的興趣	
1	
2	
3	

正面壓力

Don't be afraid of pressure. Pressure is what transforms a lump of coal into a diamond.

—— Nicky Gumbel

　　如果要你堅持做一件事500天，你會有什麼辦法讓自己堅持呢？兩年多以前我在準備東京馬拉松時，按照一個16星期、每星期訓練四次的計畫練習。為了讓自己能堅持下去，我每次訓練完後就會錄一段30秒左右的影片，並放在社群網路上讓我的朋友看到。差不多就在那時，我注意到史提芬也開始在他的社群網路發布他每天一次的簡單訓練，那就是每天做一組包括30個伏地挺身、30個仰臥起坐和30個深蹲的運動。

　　我很不容易地堅持訓練了16星期後，特別好奇史提芬是否也和我一樣堅持下去了。結果我發現他沒有堅持一組動作各做30下的運動……因為他已經變成每一組動作各做60下了。他接下來還能堅持多久呢？

心理學家把壓力的效應劃分成這樣的循環。壓力讓人擔心，然後擔心會引起焦慮或恐懼的情緒。反過來，恐懼和焦慮可以導致擔心，擔心又可以讓我們感到壓力。不管是循環的哪個方向，壓力有關的反應似乎都不是好東西。話雖如此感到有壓力卻是人類的求生本能。我們的祖先會因找不到食物而感到壓力，如今當我們沒有儲蓄了，沒有工作了，我們也會感到壓力。壓力讓我們有求生的動力，所以有壓力並不是問題，問題在於我們如何面對壓力。

參考上述的循環，如果我們只把壓力變成擔心和焦慮，我們的反應是負面的，因為這樣解決不了造成壓力的問題本身。壓力也可以引起恐懼，恐懼也是人類求生的重要反應。心理學家列出了幾種面對恐懼的方法，瞭解這些方法可以讓我們長期正面地面對壓力，甚至把這些方法變成我們的心願。這些方法分別是逃跑、反擊、躲藏和屈服。

逃跑

現實生活中，我們面對壓力不能像原始人遇到猛獸一樣拔腿就跑。如果我們改變不了壓力本身，我們倒可以嘗試改變自己，讓壓力「辨別」不出自己。工作的壓力太大，也許要換個地方辦公。家庭壓力大，那就嘗試改變自己的行為或心態。把這些改變放在自己的心願清單裡，讓這些改變成為心願，讓壓力找不到自己。

反擊

我們還可以嘗試改變壓力本身。那樣，我們就要思考一下壓力產

生的根源，是上司？是某個同事？是銷量指標？還是家裡的另一半或孩子？我們可以把這些壓力來源好好梳理一下，和相關的人做一個溝通。另外，回到家感覺壓力大，來個裝修怎麼樣？銷量壓力大，那就好好開發新的客戶或通路，並與上司緊密溝通工作進度。有所行動總比整天憂心忡忡好。這些改變，絕對可以是自己心願清單的一部分。

躲藏

遇到壓力，最好的應對方法之一就是轉移一下注意力。這也是我在第一章提及的三色球的綠色球發揮作用的原理。短暫地轉移注意力的方法可以是跑個步、畫個畫、玩個樂器，這些方法都可以讓自己暫時忘卻壓力和煩惱。如果時間允許可以去一直想去的目的地旅遊。這也是很好的暫時躲開壓力的方式。學個樂器、重拾畫筆、跑個長跑和去個嚮往的地方旅遊都可以變成心願哦。

屈服

我們不應該輕易屈服於壓力本身，因為這樣可能會導致上述的擔心和焦慮等後果。在這我想說的是面對一些自制的壓力，我們能做的就只有「屈服」了。對於坐雲霄飛車、跳傘、跳笨豬跳等刺激性活動，很多人都想玩但卻不敢嘗試。我可以很負責任地說，這些活動發生意外的概率比我們遇上交通意外的機率要低，而且嘗試時分泌的多巴胺以及為日後產生的回憶都是無價的。

所以現在可以發現對待壓力的方法原來可以和心願有關：逃跑就是改變自己，反擊就是改變壓力，躲藏是轉移注意，而屈服就是欣然接受。

很多人會覺得壓力肯定是不好的東西，但適當的壓力對我們是有好處的。科學家曾經做過一個實驗，他們給一些白老鼠注射了讓它們有輕度壓力的藥品，結果發現幾星期後它們的神經系統變得比處於無壓力狀態的老鼠更發達。科學家後來發現這種正面的反應同樣會在人類身上產生。科學家後來還發現適當的壓力還會提高我們的免疫力。所以我們有時候在完成一些重要企畫後，一放鬆自己反而會生病。

　　壓力本身不可怕，如果我們正面看待壓力，我們會更瞭解這些壓力的源泉，甚至讓壓力變成自己完成心願的動力，就像史提芬一樣。

　　史提芬每次做他的例行運動時，都會用自己的手機把運動過程以快進的方式拍下，再進行簡單的剪輯並配上完成這運動的天數和每個動作的次數。不管他已經上傳了多少天的影片，總會有幾個朋友為他按讚。這樣讓他覺得自己每天的運動是有人關注的，關注帶來的壓力的程度也是剛好的。就算身體比較累，這種自制的正面壓力也會讓他有動力去堅持。執筆時，他的例行運動變成了每天做110下伏地挺身、110下深蹲、110下仰臥起坐還有110下登山跑。而他已經堅持運動了471天。朋友的鼓勵和壓力功不可沒。

正面壓力

我會嘗試把這些壓力變成心願	
逃跑	
我有這樣的壓力	但會這樣改變讓壓力找不到我
反擊	
我有這樣的壓力	但我會這樣的改變它
躲藏	
我有這樣的壓力	但我會透過這樣的做法讓我轉移視線

屈服	
我有這樣的壓力	但我會這樣的擁抱它

正面壓力	
我有這樣的心願	但我會透過這樣的正面壓力推動自己

讓身邊的人
為自己創造更多時間

To create is, first and foremost, to create time.

——Achille Mbembe

　　凱琳正在準備她的烹飪直播節目,她的手藝非常純熟,她的口才也非常了得,所以她可以一邊做飯,一邊從容地和直播間的觀眾交流。在直播之前,她才剛剛出席完流浪貓救治志願者的小組會議。第一次見到她,正是在TED的演講台上,她談到收養和照顧流浪貓的感人故事。除了參與救治流浪動物的志願者組織,她也身體力行在家養了五隻流浪貓,其中有幾隻貓沒有自己排泄的能力,所以特別需要花時間照顧。除了照顧貓兒,她還要照顧剛上小學的兒子和工作繁忙的丈夫。神奇的是,她家裡沒有老人幫忙帶小孩,也沒有請幫傭幫忙做家務。各種生活瑣事和忙碌的日程應該會讓很多人喘不過氣。而我每次見她,她還是笑容滿面,從容淡定。她是怎麼做到的?

我們每個人每天所擁有的時間都是一樣的，有些人卻好像比別人擁有更多的時間。因為這些人能完成更多的事，不管是工作、家庭、還是自身的興趣愛好，他們都能兼顧得特別好。他們也許是做事比較專注，做事比較有效率，沒有怎麼在無意義的事情上浪費時間，甚至有可能睡得比別人少。所以同樣的24小時，他們可以做更多有意義的事。但還有一些人能比這些有效率的人完成得更多，因為他們能讓身邊的人為自己創造時間。

這裡說的並不是我們要花錢去雇人去解放自己的雙手。這裡說的更多的是免費地和良性地讓身邊的人來幫助自己。

孩 子

孩子是讓大人最費時間的人群，沒有之一。年齡小的孩子基本上需要大人全程陪伴。如果有辦法可以讓小孩盡早自理那是件多麼美好的事。僅這個課題已經是一本書、一個課程的內容了。但我覺得有句話說得特別好，那就是「It's not what you do for your children, but what you have taught them to do for themselves that will make them successful.」（不是因為你幫孩子做了什麼，而是因為你教會他們能為自己做什麼會讓他們成功）。所以我們應該早點教會他們自己睡覺、洗澡、換衣服。這樣我們可以少花點時間幫他們做這些事，多留點時間給自己，而且還能讓孩子更快地擁有自我照顧的能力，更獨立的行為和思想。

夫妻

夫妻之道也是門博大精深的學問，但我相信夫妻關係與所有的關係一樣，不能在快崩潰的時候才去挽救。導致夫妻關係緊張的原因有很多種，但其中肯定有關於家務誰來做的問題。家裡多做家務的那一方千萬不能等到崩潰時才情緒爆發，而應該早日溝通，把家務的責任明確化。臉書的COO桑德伯格說過，能共同分擔家務的夫妻的離婚率也會較低，這可不是她作為成功人士隨便發表的理論，而是有實際數據支持的現象。讓另一半多做點家務或多花時間陪伴孩子，然後多創造點時間給自己，絕對是個雙贏的訴求。

長輩

估計絕大多數人會想到的能幫自己創造時間的人，就是自己和另一半的父母。正常來說，長輩也比較樂意去照顧兒孫們。老人時間較多，帶孫子去玩更是很多老人家的精神寄託。雖然長輩一般都比較樂意幫忙，我們也不要忘掉老人家的體力還是不如他們年輕時，我們要切記常向他們表達謝意和敬意。

同事

好的上司不應把事情都扛在自己身上，而應該讓下屬有發揮的機會。很多人說如果一個主管不在，他的部門或公司還能正常運行，這才是一位稱職的老闆。要成為這樣的老闆肯定要讓員工被充分授權，這樣老闆和員工是雙贏的。就算是平級的同事，建立一個長期互信的關係，不亢不卑，充分溝通，也能間接地讓你的同級為你創造時間。職場中最可貴的是信任，有了信任，花在非必要的會議、重複勞動和

彼此猜疑上的時間都會減少。平常所建立的互信關係其實就是讓同事
為自己創造時間的基礎，而對方也會因互信關係而減少無謂的勞動。
如果能和領導建立這種互信關係，那對自己更有利了。沒有這份信
任，恐怕我們要花很多非增值的時間為老闆準備各種報告和開各種會
議來解釋，哪怕是最淺顯的問題。

　　對很多家長來說是神獸的小孩，對凱琳來說倒不是什麼不可馴
服的物種。凱琳在孩子三歲時就讓他自己睡覺，在孩子才四歲時就讓
他自己洗澡。讓身邊的朋友覺得最難以置信的就是凱琳還讓剛滿七歲
的兒子自己走路上學。這段上學的路並不長，只需要十分鐘左右的步
行時間，而且不用過馬路，但很多朋友聽到都會產生疑問，凱琳怎麼
可以心那麼大讓小孩獨自上學。原來凱琳在讓兒子獨自上學之前已經
長時間地訓練過他，教他遇到疑似壞人時該怎麼辦，凱琳也在開始時
暗中觀察了孩子是否能勝任每天獨自上學的任務。

　　其實凱琳相信兒子能獨自上學之前，他們母子之間已經透過很多
的事情建立了彼此的互信關係。上述所說的我們身邊的各種關係，表
面上是在利用他人來幫助自己，實際上是讓雙方建立雙贏的合作關
係，其核心則是彼此的深度互信。

　　此時我想到著名的《高效能人士的七種習慣》裡提到的屬於公眾
領域範圍的第四到第六個習慣，就是從獨立到相互依賴。其中第五個
習慣就是共贏。要真正的高效，靠自己還是不夠的。讓身邊的人為你

創造更高的效率吧，我們也會有更多的時間和精力去追尋自己的夢想和心願。

讓身邊的人創造時間

孩子	
我會讓我的孩子學會這些技能	開始時間
這樣我就可以有更多時間了。	
夫妻	
我會讓我的另一半多做這些	開始時間
我也會答應做這些	
這樣我們都為對方創造時間。	

長輩	
我會讓我的長輩幫我做這些	開始時間
這些他們也喜歡，但我也會表示謝意。	
同事	
我有這些同事我要建立互信	開始時間
同事 1) 建立互信的方法	
同事 2) 建立互信的方法	
這樣我就可以省去很多因缺乏互信而要多做的事情	

養成習慣

You don't decide your future; you decide your habits, and your habits decide your future.

—— Mike Murdock

　　哲哥是投資界的知名人士，經常代表公司參加電視訪問。他的言論可以影響很多人的投資收益，所以他的頭腦要時刻保持清醒，他的工作壓力也非常巨大。這樣的壓力加上應酬，讓他一度菸酒過量，食無定時，也讓他的體重屢創新高。身體每況愈下後，他立志要過回健康的生活。他想透過最簡單的跑步運動來幫助自己回到好一點的狀態。但如果只是偶爾跑一下，那是沒什麼實際效果的。哲哥很清楚這一點，但怎麼讓狀態欠佳的自己養成跑步的習慣呢？

　　後來哲哥不僅養成跑步習慣而且還嘗試跑了馬拉松。他的習慣是怎麼樣形成的？

養成習慣可以說是本書裡最難實踐的事項之一。要把一件事從非自發性地開展變成自然而然的行為並持之以恆，其所需的毅力和努力比完成一場馬拉松還要大。

那麼有什麼方法可以幫助習慣的養成呢？關於習慣養成的方法，有兩本特別出名的書，一本叫《The Power of Habit》，另外一本叫《Atomic Habit》。 我覺得《The Power of Habit》介紹的《Habit Loop》（習慣循環）是個易懂又實用的方法，我也在這裡借用並延伸一下。習慣循環分為三部分：提示、習慣和獎勵。

提示

這是讓我們想起我們要做某一件事的信號。如果要培養的習慣是運動，提示可以是放在睡房門口的運動鞋或放在洗手間的運動衣，我們看到這些提示就會想到該做運動了。又例如我們想要養成每天做十分鐘HIIT的習慣，那我們可以把做運動常備的瑜伽墊作為提示。我們也可以設置鬧鐘讓它每天在我們方便運動時響鈴來提示我們。我們也可以利用一些固定的事項，嘗試把要養成的習慣和這些事項關聯起來。比如我們可以把洗澡和做仰臥起坐關聯起來，每天想到洗澡時，我們就用這件事來提示自己要先做卷腹。

也有「壞」的提示。比如放在家裡的香菸，甚至是放在便利店的香菸。也可能是放在家裡或公司的零食，或者是菜單上美味的甜點。對想戒菸或控制飲食的人來說這些就是不好的提示。

簡單來說，我們想養成習慣就要把提示做到位，要戒掉一個習慣就要盡量避開壞的提示。有了提示我們就可以進入第二步。

習慣或反習慣

我們看到提示就要開始做我們想要養成的習慣。若要養成習慣，我們就要讓習慣更愉快輕鬆地進行。比如我們要養成晨跑的習慣，那我們最起碼要有舒適的衣物，就算是冬天要戶外跑步，我們也該準備一些輕便但保暖的衣物，這樣我們就不會輕易讓不舒適變成不養成習慣的藉口。

對反習慣，或要戒掉的習慣，我們可以找替代品。比如想戒菸，我聽很多朋友說電子菸是一個很好的代替品。抽了電子菸後，他們整體的抽菸量逐漸下降，到最後有些人連電子菸也戒掉了。如果是想戒掉吃宵夜的習慣，那我們可以嘗試用其他低熱量食品來代替本來想吃的高熱量食物，如吃一片無糖口香糖來減緩心裡吃宵夜的渴望。

除了找替代品，我們也可以嘗試用別的行為來代替固有的習慣。例如當我們看到零食時候，不要吃，而嘗試做別的事，比如站起來做一下舒展的運動，畫幅小漫畫，或者是打一局電玩，總之就是做一樣自己想做的其他事來替代要戒掉的習慣。

獎勵

要養成習慣，我們還要想辦法在自己完成習慣後獎勵自己，這樣可以強化整個習慣循環。比如我們在跑步後拍個影片並分享給大家，讓我們的朋友肯定一下自己的努力。我們也可以做一本記錄冊，每次做完 HIIT 就記在本子上，或像獎勵小朋友一樣給自己貼個貼紙。這

樣的方法同樣可以應用在戒掉某一樣習慣上，當我們成功抗拒一次誘惑時可以做個記錄。除了紙質的本子，手機上也有蠻多這樣的APP可以幫忙記錄。

習慣堆疊

自從我開始每天早上送女兒坐校車後，我到健身房的頻率就大大增加了。這本來是兩件表面上不相干的事，其實前者對後者有帶動的作用，因為我送完女兒就會直接去家樓下的健身房。在假期時，女兒不用上課，我也不用上班，雖然時間更充裕了，但我卻比平日少到健身房。這就是《Atomic Habit》一書中提到的習慣堆疊。比如我們每天早上都刷牙，如果我們想養成每天上班前看看當天日程安排的習慣，我們可以把這兩件事關聯起來。又或者我們因為想提高晚上睡眠品質，從而想養成把手機拿到臥室外面的習慣，那我們可以把晚上刷牙和把手機放在臥室外的動作關聯起來，形成一個整體的習慣。

信念

上面說的方法，其實是在分段瞭解習慣，然後對每一段做出有利於養成或戒掉習慣的改變，這樣對養成習慣或戒掉習慣會有很大的幫助。但要真正長久維持習慣，還有一個尤為重要的元素，那就是信念。信念是指對某意念有堅定不移的相信和堅持，但要有這樣的堅持的前提是必須要有更深層次的原因。就像希爾戒菸是因為她在父親生前答應過他要戒菸，又比如強哥繼續跑步是因為他相信跑步能讓他遠離昔日糟糕的健康狀況。我們要形成一項重要的習慣之前，先想想自身為什麼要形成這樣的習慣，背後是不是有什麼重要的原因，而這原

因越清晰對形成信念就越有幫助。有了深層次的原因和信念,當我們有放棄的念頭時,想到當初要形成習慣的原因和信念,那放棄的可能性也會降低,堅持一種習慣的可能性就會大大提高。

哲哥現在每天早上都會跑十公里,可以說是風雨無阻。他的體重也從最初的82公斤下降到68公斤。反映體能的最大攝氧量指標也達到讓人羨慕的51。這些都是因為養成了一個習慣。我問他這習慣是怎麼養成的,他說是因為練習完可以和其他跑友有些良性的比較,他還說希望練習可以讓自己完成馬拉松的時間更短,他甚至覺得在惡劣天氣堅持練習,完成後他的成就感會倍增。

上面提到的一些養成習慣的方法,哲哥可能本身並沒有分析過就應用了。比如他把起床當成跑步的引領習慣,起床後的延伸習慣就是晨跑。而晨跑後帶來的各種良好的感覺,就是他的獎勵。讓自己保持健康的體魄就是他所堅持的信念。以此做例子,我們也可以嘗試把要養成的習慣好好分解一下,並為之構思一些引領習慣,並思考一下養成習慣的正面結果是什麼。這樣設計後,我們說不定就可以養成一些重要習慣,從而實現一些夢想了。

習慣

我想要養成的習慣是	目標時間

A. 我會為這些習慣做出這樣的提示
1
2
3

B. 我要養成或戒掉的習慣 （請詳細形容）
1
2
3

C. 當我做了 B 所列出的習慣的內容後，我會給自己這樣的獎勵
1
2
3

沒有時間

Make an effort, not an excuse.

—— Anonymous

　　爾叔年少時離開家鄉打工，他與家人的關係也因久別而變得疏遠。這種疏遠是日積月累下來的。開始只是打回家的電話少了，這可能是因為他忙著工作或忙著玩樂，反正就是沒時間。離開家鄉頭幾年他還會想到回家看看父母，但後來也是因為沒有時間，回家的次數逐漸減少。後來爾叔的父母相繼離世，卻因為積累的冷淡，他連回老家送別雙親的時間也找不到了。直到有一天，他終於回了家……

　　「沒有時間」可能是我們拒絕各種請求最常用的回覆。不管是公事或私事，這答案就好比給提出建議的人吃閉門羹，而對自己來說則是一個冠冕堂皇的、不用多加解釋的藉口。我們除了直接說沒有時間，也許還會稍委婉地回答「等一有時間我就會……」。總之都是個

無期限的回答。

可是有些請求和建議卻不是無期限的。比如這是來自父母的邀請，不難理解這是個有期限的邀請。這邀請也可能不是來自父母而是發自自己的內心：「我很想帶我父母去旅遊，但最近工作很忙，等我有時間我一定會的。」結果這個沒有時間的說辭就變成一個最完美的藉口，父母也覺得這是個不應苛責的藉口。有期限的請求除了來自日漸年邁的父母，也可能來自日漸長大的兒女。比如我們想和孩子一起完成一些心願又或者一起去趟有意思的旅遊，完成這些心願也可能因為孩子越來越獨立而變得艱難。

如果是重要的事，不管是公事或私事，我們可以特意找時間來完成而不是一味用沒有時間作為不去完成，甚至拒絕安排的藉口。在公事上我們可能常耽誤一些容易被忽略的要事，就是那些重要但不緊急的事。因為它們不緊急，所以就常被一些緊急但不重要的瑣事掩蓋。如果不刻意去把這些不急的要事放在日曆裡，我們很有可能一直不會開展，又或者等到這些要事變緊急了才草草了事。

隨著事業發展，我們的朋友似乎越來越商務化。這些朋友，或更貼切地說，商業夥伴是我們最不會忽略的。也有一些朋友，我們在某一個階段會經常聯繫，這些朋友可能是某一時期的同學、同事、鄰居等。在這段時期，我們與這些朋友們似乎自然而然地相約在各種聚會。這兩類朋友，第一類是實用性的，第二種是玩樂性的，我們都不怎麼會忽略。但有一種朋友我們卻特別容易忽略，就是那些在我們生命中閃亮過的摯友又或者是對我們有恩的人。他們可能因為工作或移

居等原因而變得疏遠，但我們卻會在夜闌人靜時偶爾想起他們。我們是否想過主動聯繫他們談談近況呢？我想很少有人會這樣做。就算在街上碰見他們，我們會有點激動然後寒暄兩句，雖然心裡真的想知道對方多年來的經歷，但最後通常只會以這樣的對白結束交談：「有空時我們再約出來詳聊」。說完後我們心裡都知道這是張空頭支票。和我們的摯友一樣，夢想也常在我們的腦海裡出現。我在各類的演講場合聽到較多的夢想是有關減肥或運動的，也有關於學習的，但我其實很清楚很多人內心深處有更多的夢想，這些夢想也許是柔軟的，也許是瘋狂的，只是當事人不好意思在公眾場合敘說。在簽售會上我會問一些讀者的夢想，然後會把這些夢想寫到書上，並祝願讀者能早日實現。而當我問讀者為什麼還沒開始夢想之旅，大部分讀者的回答都是：「等我有時間我就會開始」。可見「沒時間」這個藉口也經常被用在不去實現心願上。

　　如果明知某些人和事是重要的，但又老覺得沒時間應對怎麼辦？再簡單不過的解決辦法就是把這些人和事放在自己的時間表裡。現在智慧型手機幾乎達到百分之百的普及率了，打開手機自帶的日曆APP，和你要見的人約起來，並把約會時間放到日曆裡吧。也把與你想完成的夢想的有關的事項放進去，如果你想要學一種樂器，那就把報名學樂器的時間放在日曆裡。有了明確的時間我們就能夠和久違的朋友見面，也能開始實現以往只是處於空談狀態的夢想了。

　　其實沒時間只是上述各種不行動的藉口。真正的原因是沒用心。就好像爾叔後來發現的那樣。

爾叔在聽到他親哥離世的消息後，心情異常沉重，甚至比接到父母離世的消息還要傷感。也許是因為自己的年齡大了，覺得親情可貴了。爾叔終於重返故鄉，送別了兒時形影不離的玩伴，看到照片中的哥哥，無數的記憶又重現在腦海中。後來爾叔又到了父母的墳前。他在父母生前常說自己沒有時間回家，此時他知道他當時缺少的並不是時間而是一顆心，可能是關懷家人的愛心，也可能是回家看看的決心。沒有時間顯然只是不行動的藉口。

這次哥哥走後，爾叔在世上最親的人都離開了。但爾叔回老家的頻率反而比以前高了。他現在就算再忙也會回去看看哥哥的家人，也會到父母和哥哥墳前看看。剛開始的確是有點贖罪的意味，後來也慢慢釋懷了。

對一些重要的事，包括實現心願，再忙也總是能找出時間的。

沒有時間

以下是按照《一切從笨豬跳開始》的六個心願的分類

我想找時間玩這些好玩的	目標時間

我想要找時間去這些地方	目標時間

我想要找時間去參與的盛事	目標時間

我想要找時間接受的挑戰	目標時間

我想要找時間去學這些	目標時間

我想見這些親人和友人	目標時間

常青

You are never too old to become younger!

—— Mae West

第一次看到天雅時,她一頭長髮和一雙長腿,加上作為設計師的氣質和打扮,一眼看過去就是一位時尚的女性,年齡也最多30出頭。她的性格也特別爽朗,我向她介紹一個浴缸產品時,她為了感受浴缸是否舒服,二話不說就在我們幾個同事面前跨進浴缸中躺下,她的直率、自信和年輕的心境可見一斑。因為投緣,我們很快就成為了好友。有一次她打聽我看北極光的經歷,我才知道她準備把看北極光作為自己50大壽的禮物,當時是認識她後的兩、三年。我才驚訝地認知到什麼叫不老傳說。

後來我才知道她已經有兩個小孩,而且她在生完第二個孩子後身體狀態極度不好。她是怎麼調整到現在的逆齡狀態的呢?

　　我很多的心願都實現得很晚。在我完成學樂器、辦畫展、完成鐵人三項等心願時我比其他同樣實現這些夢想的人們要年長。就連生小孩這個心願也實現得比很多人要晚。有了小孩後我的自由時間減少了，我就想到把自己的心願結合到帶小孩的日常當中，女兒學滑輪時，我就和她一起學。當其他的父母在旁邊玩手機時，我在跟女兒的教練學一些我一直想學的滑輪剎車法。最近女兒在學爵士舞，我也在同一時間報了一個跳hiphop的舞蹈課，和她同時學習。我舞蹈的手腳協調性挺差的，但還是硬著頭皮去學了，除了想給我女兒打打氣，告訴她要堅持訓練，我也想提醒自己要有保持年輕的心態。我每次跳完舞，渾身大汗地去接我女兒下課時，看到其他等待孩子的家長不過是在玩手機。相比之下，我會為自己跳完舞所產生的活力而感到快樂和自豪。

　　寫這一篇文章是因為要完成更多的夢想的話，讓自己盡量保持年輕是重要的條件。我不是醫學學者，所以沒法從醫學角度來討論這個話題，但我覺得如果能做到以下幾點，應該能讓自己延緩衰老。

　　心態

　　年齡只是一個數字，我們如果給自身刻上數字印記，那我們恐怕就真的會被年齡這數字定型了。有了這種定型，我們可能就會覺得某些事只能在某年齡段做，過了就不能碰了。要是想做的是與自己心願有關的事，我們何不厚顏一點，鬆開年齡的枷鎖？比如大齡學個外

語，學個樂器。不要被年齡約束，減少自己完成心願的可能性。

和比自己年輕的人多聚會是另外一種讓自己保持年輕心態的方法。要是和自己有共同語言的年輕人一起那就更理想，否則只會讓自己和對方覺得彆扭。參與一些運動以及和興趣相關的聚會也是一個很不錯的方式，比如健身班或者興趣學習班，結束後說不定大家可以一起喝一杯、聊聊天，這樣也可以瞭解到最近流行的東西和話題，從而不會讓自己感到落伍。

身體

要想擺脫年齡對心願的枷鎖，當然也需要有較健康的身體。最好的方法就是利用夢想來保持身體健康。比如把完成馬拉松作為目標，好好的鍛鍊，包括有氧和無氧的肌肉訓練。當我們因為鍛鍊而越跑越快，越跑越遠，我們的身體狀況不是比年輕的時候更強嗎？

很多人上了年紀都會知道有氧運動的重要性，尤其是對心肺健康的重要性，所以不會忘了每天要多走路，週末也會慢跑。但是這裡不能不提無氧運動的重要性。我看到不少朋友特別重視跑步這樣的有氧運動，但不去做肌肉訓練，結果發現日子一久他們顯得特別蒼老。而且跑步雖然可以鍛鍊我們的腿部肌肉和心肺，但鍛鍊不了別的身體肌肉。當我們要搬運一些重的東西可能因為上身肌肉不足而容易受傷。

另外，多做拉伸和瑜伽也非常重要。隨著年齡增長，身體的柔韌性也會降低，也會特別容易因為一些突發的小事，如樓梯踏空，而產生嚴重的後果。傷筋動骨100天也真沒說錯，去年玩輪滑時一個小動作就讓我韌帶拉傷，要休息近三個月。想想就是平常拉伸運動少，受

傷那天還忘了熱身的緣故。

面貌

我本來要寫的是面容，但我正要下筆時想到現在的科技太厲害了，可以把人的面容變得比實際年齡小得多。但精神面貌的改變卻不是靠美容和醫美能達到的。精神面貌是一種氣質，也是一種從內到外的健康和自信。有了這種自信，不管真實年齡多大也會願意擁抱各種夢想。

要精神面貌好，身體健康的作用也是很大的。除了上面提到要常運動外，睡眠充足也非常重要。大家都知道睡眠好讓一個人看起來有精神，我們卻常因為工作或娛樂，又或者是報復性熬夜（因為覺得自己白天沒做什麼而熬夜，好讓自己覺得一天沒有白過），讓自己得不到應得的睡眠，長久下去，面容會變得憔悴，也沒法面對每天的工作，更不會有心情想去完成什麼心願。

有了年輕的自己，我們將會發現身邊各方面的有趣事物，各種心願的實現就會有更大的可能性。

———◆———

我問了天雅一些祕訣，除了少吃多動這種很多人都知道的可以讓人保持健康和年輕的方法外，她還有蠻多私人祕訣。比如她有特別多年紀很輕的朋友，她也會認為這些朋友才是同齡人。受到同齡人的帶動，她的心境和心態就自然年輕起來。她還會經常冥想，讓自己除去意識中「人會衰老」的意念。她主張活在當下，減少對未來的擔憂。

她覺得我們應該要接受自己的不完美。憂慮少了，我們就能休息得更好，精力充沛能讓心態和面貌年輕不少。天雅現在沒有做她已經很擅長的建築設計，而是追尋她的夢想做了個健康教練。

我閱讀了很多關於延緩衰老的文章，有一些談到基因，有一些談到藥物。延緩衰老本身是一個非常宏大和深奧的題目。越研究這個話題，你就越會發現大部分的內容都在關注身體的衰老。我們朋友間溝通時也會談到身體某方面沒有以前好了，大家也確實比較關注自身身體上的衰老。我當然也同樣關注，本書在運動和保持身體素質等相關篇幅都有提及，因為身體健康是完成更多夢想的重要條件。但瞭解完天雅的祕訣，並回想自己完成各種心願的心態後，我發現除了對身體年輕的重視，對心態年輕的關注也非常重要，而這一點又常被忽略。所以我也把心態放在本書的「方法」和「持續」之前，作為本書的第一部分。有了年輕的心態和健康的身體，年輕的面貌就會自然地展現出來，我們也會有更多心思去思索還有什麼心願是自己想達成的。

常青

心態（我會做這些保持年輕的心態）
做一些公認為年輕人才能做的事
我會多和這些年輕朋友一起

身體（我會做這些來保持身體年輕）
有氧運動
無氧運動
拉伸運動

面貌（我會做這些來保持我有年輕的面貌）
運動／愛好
新的睡眠習慣
其他

第五章
靈感

我經常提倡每個人都要有一個心願清單。我在《一切從笨豬跳開始》裡記載的都是完成這個清單上的心願的故事。完成了這些心願後有各種好處：成就感，寶貴的記憶和更平衡的人生。列這個心願清單時當然可以隨心所欲，想到什麼就列什麼。如果思潮有點枯竭，不如參考一下本章的一些建議，找到發掘心願的靈感。心願可以來自於童年記憶，友人間的互動，或者第三方的靈感，甚至是夢境。想到要做的，不要猶豫，先記下來。以後完成了心願絕對會收穫滿滿的快樂。

乙醇的作用

I am drunk but truthful.

—— Fyodor Dostoevsky

　　那是很多年前的一個晚上。我坐在一輛風馳電掣的小巴上從蘭桂坊回家。那是在喝了好幾杯長島冰茶之後回家的路上。耳朵聽著剛剛在日式精品店意外發現的一曲旋律輕快的爵士樂。各種因素讓我的心緒異常澎拜，腦子裡想起很多未了的願望。一些平常覺得不太可能實現的願望，頓時變得可能起來。我告訴自己要把這份勇氣一直保持到第二天清醒時。

　　我的父母和親戚都不怎麼愛喝酒。雖然我來自於一個以現在的標準來看極為龐大的家庭，各種生日喜酒宴可以說每月都有，但晚宴的飲料都只是不含酒精的軟性飲料。後來我在大學時也沒有喝酒的習慣。一直到大學畢業出來工作初期，去了酒文化極盛的鄭州，我才開始較常接觸酒。當時一位老一輩的同事告訴我，很多沒法解決的問題都可以在飯桌上喝了幾杯後解決。我當時並不能馬上領會這一點，但

隨著閱歷越來越豐富，這句話就經常體現在日常的工作中了。現在想想也不難理解，在酒精的作用下，飯桌上各人的勇氣似乎都比平常大了，一些平常不敢想像的設想也許就在此刻出現，平常不敢說的話說不定也有勇氣說了。有時候也能看到一些人在酒後的有趣表現，如兩個大男人會牽著手互吐真言。一些平常有誤會的同事可能來個交杯酒就冰釋前嫌。

酒精的害處不少，酒後不要開車，醉酒後容易惹事。上述說的能讓個人變得勇敢的酒精量要靠自己去領悟，絕對不能過量。在鄭州時因為喝吐過好幾次，也因此知道自己的酒量大概在哪。現在說的微醺在我個人看來就差不多是自己酒量的五成左右。在這個分量的酒精下，我的思考尚算敏捷，再加上勇氣增加了，一些想法也會洶湧而至。再喝過這個量，思考就會變得遲鈍，這樣的狀態也不會勾起什麼想法和勇氣了。

我的上一本書在香港出版前，我在自己的社群媒體頁面把活動發布了，心裡非常希望朋友們看到會來捧場。但回應的朋友卻寥寥無幾。後來我在一次與客戶喝了點酒後，思緒被輕微的酒精帶動，我也因此心血來潮，一口氣把邀請透過一對一的方式發給了我從兒時起到現在所有對我別具意義而且還有聯繫方式的人。他們大概在社群網路上看到了我的新書發布會，但在我個別邀請後他們才義不容辭地出席。說到底，我和他們很多人已經有十幾年甚至20幾年沒有見過，我又怎麼可能期望透過一個公告就讓人家自動報名呢？

結果那場發布會是一個此生難忘的聚會，可能不僅是對我而言。

那一晚,很多我平常沒勇氣約出來聚會的朋友,或沒勇氣約我出來的朋友都出現了。而一些共同朋友,就算都住在同一個城市,但平常都缺乏原因去聚會,那一晚也都聚首一堂了。很多平常不會聽我演講的親戚在那天都變成我一夜的粉絲了。短暫的兩個小時聚會變成大家永恆的記憶,都得多虧小酌後帶來的靈感和勇氣。

夢中的夢

A dream written down with a date becomes a goal. A goal broken down into steps becomes a plan. A plan backed by action makes your dreams come true.

—— Greg Reid

　　Google共同創辦人之一的賴瑞·佩吉（Larry Page）在2009年密西根大學的畢業演說中，說了自己當初設計谷歌搜索引擎的想法原來來自於他在半夢半醒時的腦洞大開，他夢到自己把網路上的所有連結都下載並保存的畫面。他醒來後就按照這思路想出谷歌搜索的算法。愛因斯坦也是在夢裡看到一群牛和農夫而想出相對論。超現實畫家達利著名的畫作《永恆的記憶》，是張畫有好幾個像融化了的錶的畫，其靈感也是來自夢裡。

　　說到來自夢裡的靈感，不得不說發明大王愛迪生。雖然他認為睡覺是浪費時間的想法不值得提倡，但他找靈感的方式確實值得瞭解。他每天只睡四個小時，他打盹時手裡會拿著一個球，這樣在他處於打

盹和半夢半醒的狀態時，就會鬆手，然後球就會掉在地上，其落地的聲音就會讓他醒過來。為什麼他想在半夢半醒時醒過來？那是因為他在那時思維會特別活躍，所以他希望可以及時醒來並記下來所有的想法。他知道如果繼續沉睡而不及時醒過來，好的點子就會消失了。

　　當然愛迪生的方法對大部分人來說太自虐了，但人在半夢半醒時的想像力特別豐富這一點確實是有科學依據的。這種狀態還有個英文醫學名詞叫「Hypnagogia」，科學家認為人在這種狀態時，思維會更開放、更敏銳，而且更容易放下自我枷鎖。相比於清醒時，我們在半夢半醒時會有更多各方各面的念頭，這些念頭甚至超出了平常的邏輯思維。

　　我自己就經常在打盹的時候，產生很多異想天開的想法。有時候這些想法是和工作有關的，有時候則是和自己的夢想有關的。比如最近我就在半夢半醒時想到一些我畫的店鋪，有一些店鋪實際上已經不存在而被替換成別的店鋪了。當時我躺在床上就覺得我的畫原來可以變成一個時間的記錄。我就在這種半夢狀態裡，幻想到自己的畫可以出版成書。

　　下次在半夢半醒時，你也可以留意一下自己的思路是不是更廣闊？會不會在此時看到平常看不到的機會？又或者想到一些平常你沒想到但想達成的心願？如果醒來時還有印象就把這些想法記下來吧。

一張照片的魔力

You can look at a picture for a week and never think of it again. You can also look at the picture for a second and think of it all your life.

—— Joan Miro

在《天空之城》中，主角男孩柏斯因為看到父親所拍到的在天空漂浮的城堡的照片而把飛行設為自己的夢想。在電影《進擊的鼓手》中，主角天天看著一張Buddy Rich（被稱為「世界上最偉大的鼓手」）的海報，提醒自己當上爵士樂鼓手的心願。這些電影都有一個畫面對心願有啟發力量的情節。而且這些畫面都不是我們現在不離手的手機上數不勝數的照片，而僅僅是一張實體照片所帶來的作用。

我也有過不少這樣被照片啟發心願的經歷。比如有一次我看到國家地理雜誌有一張特別震撼的照片，那是個少有的拉頁，橫跨了五頁的長度。那麼巨大的照片所呈現的就一棵樹，一棵碩大的樹，一棵全世界最大的樹。細看才發現最震撼的地方，樹上面有幾個細小的穿著

登山服、帶著登山設備的人攀登這棵樹。我第一反應是懷疑這是真的照片嗎？後來閱讀該篇文章，才知道這棵樹是真實存在的，而且它並不是在什麼人跡罕見的森林裡，而是在美國加州的洛杉磯附近。後來這幅照片就變成我願望清單裡的一個心願；我希望能有機會親自造訪照片中這棵樹。

現在我們看雜誌的機會雖然少了，但可以在網路上看到更多的照片。但有兩個問題，一個是訊息量太大。我們現在用手機看到的內容，也許是得來得太容易，再美的地方也只能在我們的視線內逗留幾秒鐘，很快就被別的照片洗版了。這樣就好像你眼裡都是美女，看到美女都不覺得稀奇一樣。如果手機上的風景名勝是如此容易被我們看到，我們被打動的機率似乎也減少了。而我們因為這些在手機上看到的照片而形成心願的可能性也會變低了。

手機上的照片的另外一個問題，就是它們被分享出來的目的都是希望得到多些按讚的。不少照片拍攝時都是用最美的角度，甚至用了修圖軟體後而呈現的效果。實景是否真的如此美麗，實在不得而知。也可能是因為這樣，很多人看到手機上的照片，也僅僅按讚而已，而不會真的把見到實景定為心願。當然網上一些新聞媒體、雜誌和較有權威的公眾號所發布的風景名勝圖片應不在此範圍內。

然而除了名勝，網上倒是還有很多能打動我們的內容，說不定能成為我們心願的泉源。一些像小紅書這樣的平台，上面有各種民間高手所發布的示範，可以燃起我們對這些事物的興趣。我就在網路平台上面看了滑單板的示範後，把繼續學習這項高難度的運動作為自己的

心願。

　　不管是實體照片還是網路照片，也許某次偶然的發現或推送，會喚醒你某一樣兒時的愛好或年少的遺憾。就讓我們多多留意一些身邊的照片或影片，並把打動你的內容記下來吧。

電影的溫度

There is always something I gain from watching a movie, whether it's a silly romantic comedy or an art film.

—— Gia Coppola

　　相比起電視劇我更喜歡看電影。電影比電視的製作更講究，而且看電影不會像看電視劇那樣耗時間，一般最多兩個多小時就可以看完了。而且我發現電影比電視有更多真實故事改編的題材。由於是真實的故事，一些勵志的事跡會更有感染力。但不管電影的內容是來自於真實事件還是完全虛構的，好電影的魅力就是可以讓觀眾在一段短的時間中完全沉浸在故事中，讓我們可以被故事所感動和啟發。

　　大概不少人也和我一樣是因為看了《一路玩到掛》（Bucket List）這部電影而開始編寫自己的心願清單。我是從一位好友口中得知這部電影的。電影對每個人的感染力都不一樣，執筆時我應該已經第四次或者第五次看這部電影，但我還是被這電影的結尾打動，也就是當愛德華親吻他的孫女時。我也因為這電影開始把自己的心願清單

有系統地記下並經常反覆看，並思考怎樣完成裡面的心願，又有什麼心願可以被繼續添加。我也因為這個清單寫了我的第一本書。

《一路玩到掛》的故事雖然是虛構的但卻影響了不少人，讓人們思考人生的意義，並呼籲觀眾應該要活在當下。而說到感染力，一些由真實故事改編的電影也許更有效果。比如一部叫《100公尺的人生》的電影，影片根據一個患了多發性硬化症的西班牙人的真實故事改編。故事的主角本來是一名身體健康、正值壯年的男性，但因為中樞神經系統的異常免疫情況導致突然性的肢體無力和痙攣。醫生告訴他一年後就不能走路了，但主角並沒有因此放棄人生，反而把精力和注意力放在鐵人三項上，而且他參加的是最高境界的鐵人三項，226公里的超鐵賽事。片中主角在臨衝線前的100公尺整個人已經嚴重虛脫，但在家人們的陪伴下他剛好在賽事關門前衝線了。特別提到這部電影是因為主角並不是一個專業運動員，而他把自己的不幸遭遇轉化成一般人不敢想像的一項體能極限的挑戰，這對觀眾的感染力反而比很多偉人的真實故事更大。我參加鐵人三項，和家人一塊衝線，以及繼續挑戰更長的距離也是受到這電影的影響。

很多由真事改編的故事，其故事中的事跡和精神真能讓我們對一直不敢克服的困難或一直不敢跨出第一步的心願產生新的勇氣。這些電影都是一些很值得推薦的由真實故事改編的電影：《豪情好傢伙》（Rudy）、《夢想越野隊》（McFarlen）、《不老騎士》、《尋找甜秘客》（Searching for SugarMan）和《叫我第一名》（Front of the class）等。

真實事件改編而成的電影固然比較勵志和感人，但就算是一些虛構的故事，也可以喚起很多人的夢想。據說日本的足球水平在九〇年代突飛猛進，就是因為《足球小將》這部足球動漫。這部1983年首播的動漫，極大地影響著當年的中小學生，踢球的小朋友多了，所以九〇年代能踢好球的年輕球員也多了。

　　純娛樂性質的電影，其中的某些情節甚至一個簡單的鏡頭也可能會打動我們。只要我們保持好奇心，被打動的機率就更大。比如很多年前我看到周杰倫在《青蜂俠》裡飾演的加藤，他為青蜂俠在咖啡上熟練地拉出一個棕櫚葉圖案，看完電影我就特別想學咖啡拉花。結果我這個愛好一直持續到今天。

　　總而言之，好的電影除了富有娛樂性，也可以是心願靈感的一個豐富源泉。

友人賦予的心願

You will learn more from your friends than you ever will
from books.

—— Matthew Kelly

在哈佛畢業那一年，要不是和我的好友同學閒聊，我也不知道他
正在找去秘魯旅遊的夥伴，那麼我也許就隨便找一個容易去的地方消
磨畢業典禮前的兩週了。結果我們就一塊去了這個20年後我還記憶
猶新的國度，最重要的是去了我從小夢寐以求的目的地馬丘比丘。而
且也是因為和這位略懂西班牙語的好友同行，我們才能充分享受自由
行的樂趣。我也是因為這次旅程，給自己定下要學西班牙語的心願，
好讓自己有朝一日能在南美長時間多國自由行。

和友人的對話中，經常會出現一些奇妙的想法。多認識點多元化
的、有著各種背景的朋友，所得到的靈感就會更多。有一次我和在義
大利生活的同事閒聊，才知道鐵人三項的「113公里賽」不是完全不
可能實現的事。還好和這位在三項比賽盛行的歐洲居住的人聊過，否

則參加「半超鐵」的想法也不會種草到我腦子裡，以後再有機會遇到這項運動時我也許不會報名了。

　　我喜歡運動，所以和一些愛好運動的朋友聊天也會特別起勁，也會有些意外收穫。比如和一位鐵人三項愛好者聊天時，發現他也參加過斯巴達障礙賽（The Spartan Race）。我也是從他口中得知斯巴達障礙賽對上肢力量的要求較高。最重要的是我得知就算過不了比賽中的某些障礙，只要會做波比跳（Burpee）就可以。和他聊完之後我才知道斯巴達障礙賽並不是傳說中那樣高不可攀。後來我也達成了參加斯巴達障礙賽的心願。

　　我也發現身邊有些特別有趣的朋友，其中一位是個彬彬有禮甚至看起來有點柔弱的女生，原來她是個興趣很多的人，毛筆字、騎馬、帆船十八般武藝樣樣精通。雖然不常見她但我也偶爾會問問她最近又有什麼新興趣。我對學單板滑雪還懷有盼望也有這位朋友的原因。

　　我還有這樣的一位朋友，她雖然賺錢不算多，但很願意在旅遊上花錢。她的旅遊目的地都是那些你也許聽說過但很少有人真的去過的地方。我就有一次聽到她描述她在肯亞看動物遷徙的精彩情節，於是我就把肯亞作為心願清單的目的地之一了。

　　所謂「三人行，必有我師」，只要我們跟有趣的人在一起，我們的心懷足夠的開放，就算二人行也可以從對方身上學到很多，也可以獲得很多和夢想相關的靈感。之前說過微醺狀態會讓自己比平常更勇敢地去幻想，並有可能理出一些想達成的心願。如果和三五有趣的靈魂一起稍酌幾杯，說不定那種思想碰撞會產生意想不到的效果！

童年舊事

Every child is an artist. The problem is how to remain an artist once he grows up.

—— Pablo Picasso

　　另外一個夢想的靈感源泉可以說一直活在我們的內心深處。童年時曾感動過我們的人和事也許一直潛伏在我們的腦海裡。昔日的表姐、表哥、小舅舅也許曾經是自己的偶像，他們在你面前玩過的樂器有打動過你嗎？你曾經被老師表揚過的一幅圖畫，被同學誇讚過的小手工，或者一些小時候因為各方面原因而沒有持續的興趣，我們是否可以讓它們再變成現在的愛好？

　　和童年有關的回憶當然不僅僅是興趣和愛好。也許是你童年生活過的院子，院子裡那些熟悉的笑聲和夥伴們的身影。有意義的童年回憶也可能是來自一些物件，也許是那個曾經天天為伴的滑梯和鞦韆，也許是童年與父母一起走過的草地或那個曾經一起乘涼的涼亭。又或者是小時候鬧著嚷著不要去的學校，學校裡倚靠過的樓梯扶手、坐過

的桌子、奔跑過的操場。對於這些昔日的點滴,你是否一直有回去看看的想法但一直沒有實現呢?

　　腦海裡的地方也不一定是曾經去過的地方,可能是年少時嚮往過的地方,也可能是童年讀物上看過的名勝古蹟,又或者是漫畫裡看到過的國家、地區、甚至街道,甚至是小時候愛看的動漫上的主題公園。這些地方是不是可以變成下次旅程的目的地,下一個夢想實現的地方呢?

　　我在上一本書裡提及的一些故事,不乏因童年的回憶而產生的心願。比如重拾小時候寫生的興趣,還有重訪小時候住過的家,也有去小時候因看完一些圖書而一直想前往的瑪雅和印加文化的古蹟。這些童年記憶也促成了一些沒有在上本書中記載下來的心願,如帶父母重返我兒時常去的小公園,並在那裡拍了一些懷舊的黑白照片。還有去了《頭文字D》裡的秋名山的原型──榛名山的迂迴賽道,並把漫畫場景和真實的地方做對照。去完這些地方或完成小時候未了的心願後會有無比的感動和喜悅。

第六章

激發

這一章是延續《一切從笨豬跳開始》的46個故事。這五個故事全都是在2020年～2022年發生的,所以都是疫情時的故事。疫情讓我們的生活發生巨大變化,但在這段時候在家的時間多了,獨處思考的時間多了,和家人一起的時間也多了。這樣的外在環境也許會對我們有不一樣的觸動,讓我們昔日所定下來的夢想得到一些新的靈感,甚至為我們過去一些沒有完成的心願帶來新的機遇。寫這一章除了想繼續激發讀者完成心願的激情,更希望勉勵讀者,就算受到外在因素影響,也要讓心願達成延續。

150 圈的馬拉松

When you can't control what's happening, challenge yourself
to control the way you respond to it.

—— Anonymous

　　網上簡單搜一下，每年全球的馬拉松賽事超過5,000個。但能作為大滿貫賽事的僅有六個，分別是波士頓、倫敦、柏林、芝加哥、紐約和東京。之所以是這六個馬拉松，除了因為這些城市是世界級的知名都市，更重要的是這些馬拉松賽事的歷史和地位。比方說波士頓賽事就是全球歷史最悠久的馬拉松賽，2023年最新的馬拉松世界記錄是在芝加哥被刷新的，而世界最快的第二和第三時間則在柏林產生的。由於這些賽事的地位，每年無數的馬拉松愛好者用盡千方百計也想拿到這六個賽事的參賽資格。

　　大滿貫賽事中舉辦歷史最年輕的則是在亞洲的東京。雖然東京馬拉松才在2007年開始，但是因為組織完善，東馬很快就變成享譽全球的賽事。東馬的另一特點就是現場氣氛特別好，全程基本上都會有

市民夾道喝彩。這樣的氣氛對很多業餘跑手來說是創造最佳成績的有效助力。

　　作為跑步愛好者，我也把跑東馬作為自己的心願。東馬每年參賽名額約25,000人，聽起來很多但中籤率卻不到百分之十。為了增加參加機率，我就利用了捐款的途徑，雖然價格較高，但中籤率要高得多，同時也可以做公益。報名當天我準時打開報名網站的連結，終於順利報上名了。雖然還沒比賽，但我已經歡喜若狂了，實現夢想踏出了重要的一步了。

　　按照賽事的時間2020年的3月1日，我倒數了16週開始練習。為了讓自己不要錯過每週四次的訓練，我想到一個方法，就是每次練習完我都會馬上自拍一條短影音然後放在社群媒體上。這樣的做法讓我的好友都可以看到，他們的按讚就變成我繼續堅持的動力。而且也因為不想讓關注自己的朋友失望，所以每次錄製影片也給我帶來持續訓練的正面壓力。2019年的冬天我記得去了不少的地方出差。出差時應酬也在所難免，在第二天如果是練習日的話，要提前起床練習確實不易，還好有這種正面壓力我才能堅持。那一年的聖誕節，我還和家人去了以色列旅遊，也是因為這樣的正面壓力我在有九小時時差的地方仍堅持按計訓練，我還記得在耶穌誕生地的伯利恆廣場繞圈跑，當地的居民都以好奇的目光看著我這個亞洲人在那裡繞圈跑長跑的樣子。也記得我在以色列的一個新市鎮中的工地邊上，沿著公路從日落跑到漆黑，完成十幾公里比在健身房還無聊和孤獨的訓練。

　　2020年的春節特別早，那一年我按習慣回了香港過新年，但在

香港時已經開始有搶購口罩和消毒液的情況了。看到情況不妙我也提前回到上海。回來後就戴著口罩繼續我最後一個月的訓練。但當時心裡已經忐忑不安，每天都留意全球疫情的最新情況和東馬賽事的網站公布。到了賽前的兩週疫情開始快速蔓延，賽會終於宣布僅保留職業選手的賽事。當時疫情剛開始，因疫情而取消活動還是個新概念。對我來說更加是失望透頂，因為努力堅持了四個月的訓練最終毫無用武之地。本來還以為能利用東京的神奇氣場來幫助自己創造佳績的願望也付諸流水了。

　　這個消息我消化了好幾天。當時我想與其把16週艱苦訓練的身體狀況浪費掉，何不如期完成一趟42.195km全馬的距離。但要跑這一段距離，我先要解決補給的問題。在正常賽事差不多每五公里就會有補給站。我如果個人跑，哪裡可以補給呢？最後思前想後，當時唯一能替我補給的就是我的家人了。而以當時疫情的情況而言，唯一可以放補給品的地方就是在我家的小區了。我有時候偶爾也會在小區繞著花園練習，跑一公里大概要繞三到四圈，所以跑完一個馬拉松，我應該要在這個空間繞140、150圈。這個聽起來絕對是個瘋狂的想法。我也蠻肯定我是這個小區建成十多年來的第一人，我猜想也應該後無來者了。我這樣想倒覺得這樣也算是一個創舉，如果要完成所需要的意志力也許比完成東馬的還要大。雖然東馬的心願要延後了，但在小區跑一個全馬作為心願，完成多年後也足以銘記於心，成為特殊的記憶。

　　為了讓這個一人賽更有意義，我還讓女兒製作了一個紙質的金

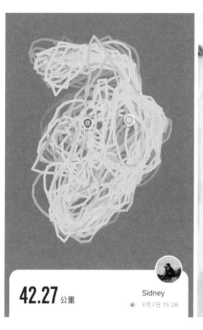

（左）重複了一百多圈，跑步路線就像一碟義大利麵
（右）女兒製作的金牌

牌，當我真的完成賽事時希望由她給我頒獎。

那天我請來家人一起做起步禮，接下來就開始這個孤獨的賽事。賽道上沒有其他跑者，更加沒有路人的吶喊助威。賽道也沒有美麗景致和異國風情，只有我習以為常的青草、石子和小區的車輛。開始的十公里，體力充沛，也沒覺得太無聊，所以跑起來並沒有太難受。十公里後雖然體力還行，但是沿途的景色也實在重複得太多次而讓我覺得沉悶了。我只好把注意力放在自己的步頻和速度上，試圖讓自己的精神有所寄託。就這樣半程馬拉松我用了少於兩小時就完成。但下半程才是真正的挑戰。因為幾天前在家裡稍稍扭了一下腳掌，我在30公里時開始感到不對勁了。隨後這個小痛楚居然讓我感覺腿部快要抽筋。我就趕緊喝一口好友推薦的防抽筋飲料把感覺壓回去了。此時天也開始黑了，在小區裡除了一直坐在小區花園中央的太太，就沒有別的人了。到了最後五公里，每一步都要艱辛前行。還剩下一公里時，我連忙通知家人把女兒從家帶到小區花園中。

她那時五歲也不到，想來不知道爸爸為什麼要從白天跑到晚上。在手機上的APP顯示42.20公里時，我就知道自己完成了一個全馬了。雖然沒有實際的衝線台，但那一刻我還是提起我的雙手，仰天大喊了一下。現場只有家人為我祝賀，雖然周圍漆黑寧靜，但歡樂的氣氛卻不比大賽中人山人海遜色。女兒也按照約定把獎牌掛在我的脖子上，這獎牌的含金量也不比大賽的少。這個賽事的獨一無二，讓本來平淡的一切都變得有意義了。

手機APP顯示的完成時間是我的個人最佳。這個時間雖然沒有任

何官方背書，但也讓我覺得多月的苦練還有小區裡的辛勞是非常值得
的。但這次可貴的其實不是時間，而是在疫情下讓一個沒法實現的心
願又變得有可能了。

吃出腹肌

You are what you eat.

—— Anonymous

在寫上一本書時，有一個心願因為沒有實現而最終沒有放在書本裡。這個夢想不是什麼驚天動地的宏大夢想，但卻是在寫作時每次見到總編他都會問我達成了沒。沒想到這夢想就在疫情最嚴重的時候達成了。那時疫情影響我們的生活已經兩年多了，但在這個不情願的時候，卻也出現了一些意外的機會。

2021年年底終於在快兩年的分隔後再見到父母。回滬後就開始兩週的酒店隔離。在這幾個月前，我和女兒學輪滑時扭傷了。那次傷得比較嚴重，還好韌帶沒有撕裂，但我還是休息了快三個月。我的體重和體脂也因此上升到歷史高位。在隔離酒店的第一天，我洗完澡後會看到酒店房間的大鏡子，被腰間上厚重的贅肉嚇到了。

聽說很多人在兩週的隔離中會變胖，但我卻變瘦了。在酒店裡有膳食的安排，雖然沒有什麼特別美味的食物，但卻還是能滿足人體所

需的營養。因為沒有特別好吃的食物，我也就吃到有點飽腹感後就停止。酒店的膳食還有一個最大的好處，那就是格外的準時。那兩週因為沒有應酬也沒有什麼消遣，沒有甜點也沒有酒水，睡得也特別規律。這次也讓我體驗到光靠吃也可以有很好的減肥效果。

　　不知道是不是我在隔離期間查看了一些關於減肥的訊息，我的電腦就推薦了一些健身的廣告，其中一個是針對男性的健身APP。那位作為代言人的創始人，非常英俊而且滿身肌肉，廣告也不乏一些嘗試前後的用戶對比。我看了那創始人一個非常長的影片，裡面充滿了各樣的科學數據，我聽完後居然也花了幾十美元購買了這個所謂的健身系統。但購買後卻異常失望，因為APP裡面還有很多額外要付費的項目。就連宣傳中標榜的菜單也只是一個幾十頁的PDF文件，裡面沒有任何按照我個人需要而制訂的一些菜譜。雖然覺得被呼攏了，但我倒是學了一個這系統裡不停強調的關於如何提高代謝的飲食方法。

　　我就又在網上繼續搜索。其中一些影片介紹了一些怎麼吃都不胖的人，還有一些針對他們的測試。這些讓人又羨慕又嫉妒的人，都有一個特點，就是他們代謝率比一般人要高。更讓人嫉妒的就是這些人根本不怎麼做運動，他們的基因裡就帶有高速代謝的基因。我想想身邊也確實有一些這樣的幾位朋友，確實是怎麼吃都不胖的。

　　後來找到一些關於這個題材的書，還買了一本關於這個題材特別著名的書籍。這本書的重點是透過一個月的吃法就把人的代謝提高，然後達到減重減脂的效果。翻閱後發現一些理論還是蠻有道理的，然後心裡蠢蠢欲動想是否要什麼時候嘗試一下。

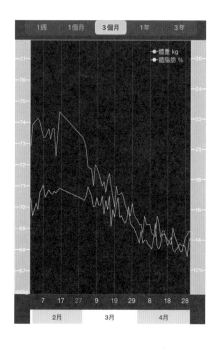

跟着食譜吃，體重和體脂很神奇地就下
降了

　　我就在2022年的3月開始了這個食譜。第一週就看到成效！這讓我繼續有動力去堅持剩下的三週了。沒多久上海防疫措施加強了，我也和所有人一樣不得不天天留在家中。就像我之前的兩週隔離一樣，沒有應酬，沒有酒和甜點，作息也定時了。沒有了平常上班時對時間地點的不確定，比方說午飯要在外面吃，開會時間不定時和出差等因素，我也又可以更嚴格地遵守菜單上的要求了。

週一、週二多吃優質碳水：燕麥、燕麥米

週三、週四是蛋白質日，多吃瘦肉，菜也可以吃

　　這食譜為時四週，一週中每一天也有重點，週一週二是碳水，週三週四是蛋白質，週五週六和週日是有益的脂肪。而且每三小時就要吃。就是說早餐、午餐和晚餐中間也有加餐。而且起來後30分鐘內要進食，空腹時千萬不要做運動。還有一點特別重要，就是盡量甚至不要吃包裝食品，因為包裝食品大多帶有化學品作為防腐或調味，這些化學品會影響這四週的身體重設。

　　第一、二天重點是碳水，但也不是所有碳水都是好的。我們可以多吃一些比較高纖維的碳水。可以看看GI這個數字，越低代表該食物消化所需時間就越久，所以更能較長時間提供飽腹感。像燕麥片和燕麥米就比白米要好。這階段也可以吃菜。多樣的水果都是加餐的選擇（特別要強調香蕉不要吃，因為香蕉有很高的糖分）。

　　第三、四天是最難熬的，因為不能吃碳水和水果，只能吃動物蛋白和蔬菜。以前聽過一些朋友試過完全不吃碳水的菜單，開始時能減掉一些體重，但後來都以失敗告終。我自己試過兩天不吃碳水就知道從小到大以米飯為主食的人是很難堅持無碳水的食譜太久的。這階段不能吃水果，但可以以自製牛肉乾做加餐。

　　第五、六、七天，是比較舒服的。這個階段可以吃碳水和肉，也可以吃水果蔬菜。而且在別的階段不能吃的也可以多吃，甚至要多吃。這些就是健康脂肪，包括酪梨、堅果、蛋黃等，也包括有超級食物之稱的亞麻籽和奇亞籽。

　　這樣的吃法還要配合一些對某些人較難的要求。這就是不能喝咖啡和酒，和不能吃甜點。

週五、六、日多吃優質脂肪幫助燃脂：堅果、酪梨

　　這個吃法的要點是不要讓身體感到飢餓，否則身體就會緊張而儲存更多脂肪。既然主張不要挨餓，這食譜也更容易堅持。而另外一個重點則與運動類似，那就是不要讓身體適應。以運動為例，如果老鍛鍊身體的同一個部位，那個部位就會很快適應而影響效果。而這個吃法中一週三種的食物重點也是同一道理，讓身體不會過於適應某種吃

法。這樣的循環持續四個星期，就可以把我們的代謝修復並提高。

　　疫情期間不能應酬，吃飯時間也有規律。而且連平常做飯的鐘點阿姨也來不了，所以做飯的時間和材料我都親自負責了，於是就更能控制吃的方式。就這樣我的體重從74.5公斤降到68公斤，體脂從17.5%降到最低的12.4%。我後來去健身房測量，發現我的體脂竟在10%以下。

　　本文開始所說的未了心願，就是練出腹肌。之前試過很多次透過運動來鍛鍊腹肌，都沒法練出，原來是因為體脂下不去。腹部是最容易堆積脂肪的部位，所以就算腹部有肌肉，若體脂居高，腹肌也會被一層厚的脂肪蓋住而變得不明顯。

　　在吃了這個高代謝食譜後，體脂在沒怎麼做運動的情況下減少，肚皮上的脂肪層減少，腹肌居然第一次變得特別明顯，連人魚線都能看到。所以為什麼我說這是吃出腹肌，因為吃對了才是把體脂降下去，才把本來已經有的肌肉顯現出來。

　　那次封控肯定不是大家想遇見的事，我們怎麼樣面對卻因人而異。有人說封控時因為沒有運動而胖了，但這次卻讓我可以很有紀律地嘗試這個吃法，要不然在平時的時候我很有可能因為各樣的應酬沒辦法滴酒不沾，也可能因為出差的原因沒辦法完全控制進食時間，也有可能在外面吃飯時經不起誘惑吃了餐後甜點。說到這，想起了疫情開始後一直用來勉勵同事的一句話。我們不要憂心我們控制不了的事，但卻應該讓能控制的方面發揮最大作用。

一個觀眾的演出

Kids don't remember what you try to teach them. They remember what you are.

—— Jim Henson

　　在第二章提到的震撼教育，不曉得大家遇到過沒有。我們開始以為是不幸的遭遇，當下又生氣又難堪，但當思潮平復後這些震撼可能會變成良師益友。而且這些震撼，雖然會隨時間流逝有所淡化，但卻會讓我們一直惦記著。

　　有一次我就在上海一間頂尖的爵士吧接受過一個低音提琴手的震撼教育。當時我被友人拉到台上和一些爵士樂手即興演奏（jam）。結果上台後發現自己完全不知道該怎麼打爵士樂架子鼓的節拍，最後就被提琴手轟走了。雖然那晚難堪的心情我到現在還印象深刻，但我也是從那一晚上開始下定決心要學會演奏一些爵士樂章。

　　這個心願雖然是確定了，但進展卻非常緩慢。主要的問題就是我的學習時間沒有固定，然後又因各樣公事私事常讓本來已經不頻繁的

老師在最負盛名的爵士酒吧表演

練習還常被取消，最後要好幾個月才和老師學一次。另外，和我之前開始學搖滾時不一樣，當時很容易就找到志同道合的朋友組成樂隊，而有了樂隊的定期練習和偶爾的表演，對技術的提升有很大的幫助。而學爵士，並不那麼容易找到練習夥伴。

就在這緩慢進展的同時，女兒也像很多小朋友一樣開始學樂器了。我也不知道是不是她看到過我在樂隊表演過，居然沒有挑最多小朋友學的鋼琴而挑了個她覺得比較酷的吉他。當時她的學校剛好有吉他課，我們就因利乘便地報名，開始了她的樂器課了。

沒多久後，到了一年一度的爵士樂音樂節。看到表演者的名單我馬上看到個似曾相識的名字，好像是在學校的通知有看到過。後來到了正式表演，我問了女兒台上表演那位吉他手她認不認識，我女兒說那就是她的老師。我也想起原來我之前看過這位老師在一個爵士吧表演過。真沒想到像我女兒這樣零基礎的小學員居然有機會和這位上海的頂級樂手學習。

　　老師的表演結束後我忍不住想帶著女兒前往台下和老師打招呼，還好老師還記得我女兒的名字，我厚著臉皮要加老師的微信，想著把當時硬拉著老師拍的合影發給他，而且還突然萌起了和這位老師合奏的念頭。當時純粹是希望讓女兒感受一下合奏的樂趣，當然也有點想留個高大形象給女兒的童年，原來爸爸可以和自己的老師同台演出。

　　後來女兒放暑假，讓人最頭疼的就是怎麼打發她的時間。透過老師我們去了頗負盛名的爵士樂學校跟他繼續學習。本來是女兒學的吉他，但我也帶了一個大人的吉他和女兒一塊學。女兒學吉他後，因為她的樂譜有合奏的部分，我就也一起學了來和她合奏。我也終於可以跟著這位上海最頂尖的吉他手學習了。

　　到了爵士樂學校學習後，我也可以把我的打鼓老師的時間也定下來了。他剛好也是這個學校的老師。我和女兒學完吉他就自己接著學爵士鼓了，這樣時間也利用得很好。正如剛剛所說，我的進度很慢就是因為學習的時間老固定不下來，這次我把女兒的學習時間定下來反而把我學爵士鼓的學習變得有規律了。

　　就在一次上完吉他老師的課後，我的打鼓老師還沒到，我就問老

（左）三把吉他彈奏 O Little Town of Bethlehem
（右）女兒的畫：老師彈吉他，我打鼓，還有女兒在旁為我們打節拍

師是不是可以和他在訓練房jam一下。由於之前有和老師提起過我合奏的想法，所以他就欣然答應。他就拿著他的珍藏吉他，和我合奏了他之前讓我練習的一首叫《The Chicken》的歌曲。老師對這首歌非常熟悉，他在這個小練習房的水平就像他在舞台上的一樣。我的水平也僅湊合能合奏半首，但也足夠讓我興奮了好半天。當時唯一的觀眾就是我女兒。

　　我又問老師是否可以和我合作《Autumn Leaves》這首經典爵士樂章。這對老師也是駕輕就熟了。之前受到大提琴手的震撼教育後我就把演奏這首歌作為目標，這次算是因為女兒的關係，可以說是巧妙的完成了。

　　合奏結束後，我們看到老師下一個學生。他剛好是女兒的同學。

老師和我合奏了《Autumn Leaves》和《Blue Bossa》

他的媽媽問為什麼我們有兩個吉他。我說我也一起學。說完後我當時挺自豪的。之前也試過和女兒一起學輪滑和跳舞，最近也和她學網球和音樂。和她一起學習也成為一個新的愛好。

　　這算是個完成心願的小故事，但也是特別分享給家長的故事。我們的愛好不要因為有了小朋友而丟下，因為說不定我們可以給他們有什麼啟發。而且我們為孩子所設的一些紀律，也許也可以變成推動自己的動力，讓愛好得以重生和持續。

最後一名的光榮

Challenge yourself; it's the only path that lead to growth.

—— Morgan Freeman

    第一次覺得參加鐵人三項並不是沒可能，是在北韓吃的一頓午飯時。那時剛參加完在平壤舉辦的馬拉松賽事，和旁邊的跑友聊起平常的鍛鍊，他就介紹了鐵人三項這運動項目。他說三項比純長跑更全面，練起來對全身各部的機能都可以提升。他還說三項的入門版，即半程奧運距離，其實並不難，三個項目分別是750公尺的游泳，20公里的自行車，和五公里的跑步。對我來說其實後兩項都還好，唯獨游泳是個大難題。後來經過兩個月左右的苦練，我就硬著頭皮參加了。

    第二年我又參加了標鐵，即奧運距離的賽事，那就是入門版距離的兩倍。所以是1,500公尺的游泳，40公里的騎車和十公里跑步。雖然距離翻了一番，這次比賽卻遠比第一次輕鬆。這可能是之前鍛鍊的時間多了，心裡在賽前也有更好的準備的緣故。

    到了第三年我的書出版了，因為我的書記錄了我第一次參加鐵人

三項的故事，我就想到把這書送給在上海鐵人圈都知道的賽事創始人。幾經轉折我終於找到這位很多人稱之為老闆的布魯斯。後來我親自把書送了給他，大家愉快地合影後再寒暄了幾句，聊到一個他馬上要舉辦的，一個大家稱之為113的賽事。113就是1.9公里的游泳、90公里的騎車和21.1公里（即半馬）的跑步。

　　我問他這個賽事是不是只能大神參加，他也很清楚這樣的問題肯定不是出自於大神。他知道我參加過短距離的賽事，有一定的基礎，所以就說了他認為的重點。但我聽完卻有點意外，他說只要搞定騎車就好。他說騎自行車是整個賽事所占時間最長的部分，騎車騎得快也可以避免在賽事關門前還無法完成。雖然像鐵人三項的賽事我從來沒有定下完賽時間，而都是以完賽為目標，但我也從來沒想過自己會在關門時間內完不成賽事。我就接著問關門時間是多長？他說是七個半小時。聽完之後我覺得這個時間長得有點不可思議！我是否可以在那麼長的時間中不停的運動？

　　和布魯斯對話後，幾經考慮我終於報名了！但是當時還是對參賽沒有把握，甚至想到有可能比賽當天會缺席。報名到比賽得時間只剩下一個月，就算在幾週前剛跑完馬拉松，體能狀況不錯，但這次的挑戰可不是一般的挑戰。這次參賽的不確定感是以前任何一次的馬拉松、斯巴達和鐵人三項，都沒有過的。直到賽事倒數的一週，遠離我幾千公里所出現的情況居然堅定了我參賽的決心。

　　過往試過很多次在參與像馬拉松等的體能挑戰前都會籌款，一方面可以借此機會做點公益，另一方面向親朋好友募捐時肯定會提到所

參加的賽事,而他們的捐款也會變成完賽的動力。就在這次鐵人三項日期的一週前,我以往捐款的組織剛好要為疫情特別嚴重的印度籌款,我就想到利用這次比賽來籌款了。哪怕是只能買一台呼吸機,也能幫助到一些垂危的人。我也勇敢地讓籌款帶給我的正面壓力來作為參賽和完賽的動力!所以做了籌款的決定後,我是否參賽的疑惑也打消了。

113確實是超長的距離,所以比賽的人也不多。比賽當天看到其他的健兒,他們的身型和狀態都較我之前參加較入門的賽事時見到的參賽者要優秀。為了不要影響其他大神級的參賽者,我故意在較後面開始。槍聲一響,我跟著前面的參賽者,準備跳進那片波濤洶湧的湖水裡,開始從未試過的公開水域的游泳距離。

我進入冰涼的湖水,奮力游了兩、三分鐘後,發現和之前的比賽很不一樣。之前在水中都是異常混亂,被別的選手拳打腳踢的,怎麼這次在水裡卻異常安靜?我抬頭一看,發現我周圍居然沒有其他選手。我再嘗試找找湖中間的雕塑,那是湖的正中央,要朝著游的轉折點,但雕塑幾乎不在我的視線範圍。原來我游的方向全錯了!當時頓時有種失去平衡的感覺,手腳也不協調了,就連呼吸也不均勻,而且當時風大,湖水波濤洶湧,我有快半分鐘的時間感覺自己要溺水了。後來我極力地讓自己冷靜,再用均衡的速度往前游,經過幾次嘗試我似乎又回到本來的韻律。我就又朝著雕塑的方向游。加上方向的偏差,我還要游1,000公尺才能到轉折點。

很不容易到了轉折點,我的周圍已經看不到其他參賽者了。但沒

過多久就看到一些乘快艇的工作人員出現在我身邊，而且他們似乎在討論什麼東西似的。原來他們是討論幾點關門！鐵人三項每一段都有關門的時間。我也沒想到自己居然在第一個項目就面臨被清垃圾的風險！此時我不管他們的討論內容，繼續奮力游。又沒多久，一個站在漿板上的工作人員往我這邊划過來，說現在離關門就剩20分鐘。我看了看遙遠的終點，我也不知道到終點需要多久，只知道我要繼續奮力游。又沒過多久，一艘快艇又過來，工作人員問我是否還能繼續，他們應該以為我體力不支所以才游得那麼慢。我在三年前才學會游

開賽前健兒們整裝待發

泳，也沒有為提高速度而改善泳姿。游那麼長的距離，我是刻意地以
慢速前行來保存體力，但這策略卻讓我有被退賽的危機。但我不想就
此結束整個比賽。接著我向工作人員人懇求一定要讓我繼續游。他沒
正面回答，但似乎被我的真誠而感動，默許我繼續比賽似的。

　　好不容易終於到達游泳終點的充氣凱旋門，我也趕緊跑去換項
區。當時已下起了中雨，視線中也沒有其他選手的蹤影了。我為此感
到羞愧，但也就在這時候，我聽到越來越多的加油聲。原來是在清理
場地的工作人員在為我加油。我頓時被他們的鼓勵激發了。儘管我是
最後一名選手但也絕不能就此放棄。我穿上瑣鞋，帶上頭盔，就趕緊
把車推到騎車賽道的起點。工作人員也提醒我千萬不要在起點前就上
車，因為這會讓我馬上失去比賽資格。

　　出了賽道我終於又見到其他參賽者了。雖然自第一次參加三項的
比賽後我已經把我在淘寶上買的便宜自行車換成了一輛名牌的，但是
相比起這次賽道上的其他自行車，我的車也只能算是入門版而已。當
時的風雨轉大，我感覺到常有逆風減慢速度，在這種環境下車的性能
就更能顯出分別，當然參賽者體能的差異也更見明顯。我平時有氧練
習都是以跑步為主，騎車的訓練確實少之又少。正如布魯斯所說，因
為騎車的時間占了整個比賽用時的一半，所以騎車的速度極為重要。
比賽當日雖然天氣情況惡劣，但在比賽氣氛的幫助下我比在幾週前的
練習要快。但儘管如此，還是有無數的選手在我旁邊超越。速度快的
車，可能在我背後100公尺時，我就可以聽到它車輪和齒輪發出的帶
有壓迫感的聲音，再過幾秒車就在我旁邊開過。這些大神級的選手在

賽道上不會和其他參賽者有互動。相反與一些和我速度較相若的選手卻會有一些交談的機會。我們彼此關心的問題就是對方還有幾圈要騎。騎車的距離是90公里，由於距離很長，實際上是在滴水湖周邊的道路上圍繞四圈。因為游泳的原因，我比所有的對手都要晚了開始，我也發現其他選手基本上都比我快一圈甚至兩圈了。時間越往後，賽道上的車就越來越少。由於天氣原因，本來人跡稀少的滴水湖邊上的公路，變得更冷清，就連專門幫參賽者拍照的攝影師也提早下班了。路上會偶爾看到醫護車和警車的蹤影。空蕩蕩的道路加上暴風雨，讓賽程的末段更加淒涼。

　　三個半小時後終於騎完這漫長的90公里。到了換項區，這次不像剛才冷清了，我看到很多選手都是在這裡。我感到特別奇怪，因為剛才在單車賽道上不是沒幾個人了嗎？後來突然有選手和我說恭喜，我才知道他以為我也像他一樣已經完成了整個賽事。而換項區那麼熱鬧也是因為已經有很多大神結束了比賽了。我當時只好難堪地回答向我祝賀的選手說自己還有跑步沒有開始。他有點吃驚，但還是叫我加油。我就繼續奔向長跑賽道的起點。同時我也驚嘆怎麼這些人能那麼快就結束。一個半馬在長距離的游泳和自行車後，應該也要快兩小時才能結束吧？這些高手現在已經可以慶祝，而我卻還有一個21公里的半馬等著！

　　經過快100公里的運動後，我還沒開始跑已經感覺到雙腳有抽筋的感覺！還好我準備了些放防止抽筋的口服液。這些口服液非常難喝，據說是因為太難喝所以讓人都忘了抽筋的感覺！但不管它實際的

原理，卻還是挺管用的。我的抽筋感稍微消失了。我終於踏上最後的長跑，這也是我最擅長的項目。沒多久之前才跑完無錫馬拉松，所以還是保留著之前訓練的狀態。可是之前的游泳和騎車項目實在讓我落後太多了，所以就算跑步比較擅長，我也很難反超其他人。21公里要在同一個賽道上跑四遍，看到迎面而來已經疲憊不堪的選手，我們都會互相說加油，然後我就會也問對方還有幾圈，並發現他們所剩的圈數都比我少。看來在這次艱難的挑戰我要做最後一名了。不過我現在關心的其實已經不是名次，這也從來不是我關注的目標。我關心的是我能否在關門時間前到達終點。

　　賽道上的攝影師和工作人員所剩無幾了。在我跑最後一圈時補給站的工作人員也因為惡劣天氣而提前下班了。在賽道上留守最後一位工作人員倒是繼續為剩下來的幾個參賽者打氣。我也因為她燦爛的笑容和友善目光而堅持著，忍不住和她合影留念。過了快兩個小時，終於只剩最後一圈。我看到最後一位攝影師，連忙舉起我的食指，告訴他我還有一圈就跑完了。後來我看到這張照片，這個食指代表的一，除了代表最後一圈，也代表我是賽道上的最後一人，但也代表著我第一次的挑戰了這個極限。

　　賽事最後一段是在公園裡經過一個湖畔的小路。以過往參加過各樣比賽的經驗，大會挑這樣的地方作為最後賽段大概是因為這一段風光明媚，而且可以讓圍觀的群眾夾道歡迎凱旋歸來的跑者。以前我也會在終點前找到等待我的女兒並拉著她一起衝線。這些預設的景象全部都沒有，因為天氣惡劣沒有圍觀的人，女兒也因為感冒所以沒來迎

接衝線了。工作人員也早就因為賽事快結束和天氣原因，幾乎全部都提前離開了。但在這一段只有約200公尺的公園路線上，我一人卻還是無比的激動。經過了七個多小時的奮鬥，終於迎來最後一刻。

當時還用了手機拍下來衝刺影片。陰沉的天氣和冷清的景象與我當時的熱熾心情成了強烈的對比。我到了衝線台，還好工作人員還沒拔掉計時器的電源，上面顯示的時間是七小時16分53秒。我也終能在關門前完成了這個賽事。

回想一個月前還忐忑是否參賽，到一個月後完賽，真正體驗了一次本以為不可能的創舉。這次實際以倒數第二名完成，但卻沒有絲毫愧疚。相比起20年前完成第一個半馬，我比那時多運動了近100公里，連續運動了五個小時後才開始。所以我雖然比很多參賽者落後但卻比以前的自己強大了。

記得自己第一次跑完馬拉松，說我嘗試過了，以後也不用參加別的馬拉松。實際上跑馬已成為我每年都會參加的活動。這次完成113後我也在社群媒體上說這已經是我的體能極限，不會有更多的了。結果一位在澳洲的朋友卻說，下一站就是真正的超鐵了。我回了一個傻笑，她卻說只要提前練習就好。執筆時我好像又對226覺得有點憧憬了。那是所有113項目乘以二的距離，極為艱難，但我也想起西班牙影片《100公尺的人生》中患了漸凍症的真實故事，主人翁就在得病後完成了226。這距離很長，但也可能突然因為某一個場合，某一個人說的一句話，又變得有可能了。

愛好的奇妙旅程

Today is life-the only life you are sure of. Make the most of today. Get interested in something. Shake yourself awake. Develop a hobby. Let the winds of enthusiasm sweep through you. Live today with gusto.

—— Dale Carnegie

　　幾年前重拾畫筆。開始時沒有特定的主題，看到什麼或想到什麼就畫。加入了一個關於速寫的群組後，看到群友推薦了一本書叫東京老鋪的圖集。那是新海誠的御用畫師烏爾巴諾維斯的一本關於東京老店的水彩集。畫風確實很像我們看到的日本動畫電影的街景。

　　2020年3月開始，在家上班和在家上網課變成常態。可能是受到烏爾巴的書所影響，我就萌起一個念頭，那就是利用疫情期間畫一些上海的特色店鋪。我剛來上海時住在愚園路上，對那裡的店鋪印象比較深刻，我就想起在一家獨立屋的咖啡店，畫起來應該比較簡單。由於當時出門不方便，我就在網上找了一些這個咖啡店的照片照著畫。

第一家所畫的門店。簡單的畫風，但店主還是欣然接受，可惜疫情後門店已易手了

開始時我還想參考一下日本的漫畫風格，先用鉛筆來打稿再用水筆描黑，最後再用水彩上色。由於平常還需要遠程辦公，所以只有週末時才有空畫。就這樣花了三、四個星期的時間畫完這家咖啡店。適逢當時愚園路開始要打造成打卡名街，我就又想多畫一下別的店，說不定我的作品將來會對宣傳這街道有什麼作用。就這樣我又繼續畫了一家精品店。

　　沒多久疫情緩和點後，我還沒有找到適當的機構聯繫如何利用我

的畫。正在躊躇之際，我想到一個也許更有意思的做法。試想想這些畫會對誰最有意義呢？那就是店主了。我的原稿是想留下來自己做收藏的或留作日後有其他的作用，所以我就在網上找了個給畫展做高清複印的服務商。拿到副本後我驚訝地看到和原稿的相似程度。我簽上名，把畫放在預先訂製好的畫框。一份極為特殊的禮物就此誕生。

　　接下來就是要把禮物送給店家。因為我沒有他們的聯繫方式，唯一的也是最直接的方法就是直接登門拜訪！那一天我帶著畫步行到咖啡店，在窗外看到裡面的櫃台有一位店員，也察覺到裡面沒有客人，那是個表白的好幾會，我就走進店裡去到櫃台前買了杯咖啡。在店員準備之際，我就問老闆是否在店。沒想到老闆原來就是這位店員。我就接著說以前就光顧過，覺得她的店鋪特別好看，在疫情高峰時在家畫了她的店。此時我把背包裡的畫拿了出來，她非常的驚喜。作為店的老闆，這個咖啡店就像她的寶貝一樣。雖然我給她介紹這禮物是高清複製，但也是原創的簽名版，她收到後還是異常地感動。後來我和她拍了好幾張合影，店主也把我送的畫放在其中一張餐桌上的明顯位置。這時我也露出特別滿足的笑容，我的作品居然可以公開展示給大眾了。

　　我隨便問了咖啡店老闆她會不會認識街道辦的人，沒想到她很快就回覆並推給我一個負責重塑愚園路的負責人。我聯繫上負責人並把我的畫的照片用微信發給她並約了次登門拜訪。拜訪時她沒有馬上說明會有什麼合適的機會用這些畫。但這次見面倒是非常重要的，因為接下來能完成一個我在年少時才敢妄想的夢想。

送畫前總是喜歡讓畫與門店來個合影

　　有了咖啡店送畫鼓舞的經歷後，我就繼續畫了更多的店鋪送給更多的店家了。我也從各樣的途徑找到更多美麗店鋪的聯繫方式，這樣我就可以在開始畫之前先自我介紹，也可以用微信告訴店家我的進度。而且我也可以問問店家是否可以把我的畫放在店鋪裡面，這樣我可以知道尺寸和應該配什麼顏色的框。雖然每次問到這個問題都會擔心店家是否會婉拒我的請求，但可幸幾乎每次他們都會很樂意地接受我的提議，答應把我的畫放在店鋪裡。接下來我大概一兩個月完成一幅作品。經過這些鍛鍊，我也發現自己的畫工有所提升，我畫的畫也

不經不覺在愚園路上畫了十多張畫

從簡單的平面，進步到了一些立體的作品，畫的大小也從本來的A4到A3了。

　　就在我畫完第一幅畫的半年後，上面提到的愚園路重塑計畫的負責人告訴我一個之前不敢想像的機會。愚園路正在準備做一個在地藝術家的畫展，希望我能提供作品展出。收到這個消息後我興奮了好幾天。想到兩、三年前重拾畫筆，畫台灣的九份時被誤認為我是速寫家，當時只能心知肚明知道那是個美麗的誤會罷了。現在居然有幸被邀請參展，那真的是喜出望外。雖然這個不是什麼大的畫展，但作品能公開展出，那也是一種對自己愛好的肯定。

　　年少時很喜歡拍照，當時有想過將來是否能開個人展。後來覺得這個心願太遙遠了，所以也就把它忘卻了。沒想到這心願多年後在疫情發生的那一年，會因為一個小的想法而陸續地重新燃燒起來。那一年的冬天我也被短暫冠以藝術家和畫家的稱號，成為這個畫展的主角之一。

　　畫展雖然早就結束，但是我送給店鋪的畫倒是還在大部分的店鋪裡。現在畫畫這個興趣因為我的公開得以有意思地延續。我在畫展結束後又繼續畫了不同街道上的一些特色店鋪。執筆時上海剛解封沒多久。在5月末我可以離開小區到外面看看，到了還沒營業的咖啡店門口，和兩年前一樣從窗口往裡面看，櫃台後面沒有店主也沒有客人，卻看到兩年前我送的畫依然在餐桌上。當時一方面默默感謝店主還好好地保存這幅作品，一方面期待這個店能早日恢復正常營業。我把當時的景象拍下來發給了店主，並發了些鼓勵的話。後來再走到別的我

（左）地道的俄羅斯餐廳，店外點綴了精細的傳統圖案
（右）把畫作贈與店主是一件樂事

後來也開始在其他街道畫上畫一些特色的店鋪，畫作也送給店主

送過畫的店鋪，儘管裡面都是沒有亮燈，但我還是能隱約看到我送的畫都還在。當時就是希望這些店都能挺過去，將來還能看到客似雲來的情景。

　　沒想到當初的一個小心願，變成了熱愛，再慢慢變成一種可以分享甚至給與別人力量的媒介。此時真希望可以不只做週末畫家。

　　擁抱自己的興趣吧，只要熱愛，也許能帶來一些意想不到的結果，而就算是最平凡的愛好也肯定可以在身邊找到知音人，為自己和周遭帶來快樂。

後記

　　第六章記錄了五個完成心願的故事。 這些心願因為是在疫情時完成的， 所以並沒有像在《一切從笨豬跳開始》裡的遊歷世界和體驗精彩這樣的心願，反而有更多是關於愛好和自我挑戰的心願，所以也比較有持續性。後記所寫的是其中四個故事在出版前的實時更新。

150圈的馬拉松

　　在那次繞小區跑了150圈的略帶瘋狂的創舉之後，我也終於在2023年到了東京參加苦等了三年的馬拉松。賽前兩個多月我卻第一次得了新冠，也因此影響了為期18星期的訓練。還好身體恢復得快，最後還是補上一些較為重要的長跑練習。 到了比賽當天在群眾的吶喊助威下，終於以3小時52分完賽。達成設定多年的破四心願，我衝線後難掩激動之情。此前多次馬拉松都是因為最後的五公里抽筋而導致速度銳減，最終都與四小時的目標側身而過。比起過往，這次訓練的總里程也是最大的。這也讓我體會到要達成一些較艱難的心願，確實是沒有捷徑的。

「三」個大滿貫獎牌

東馬後我也像很多發燒友一樣希望跑完其他的大滿貫賽事。於是就為自己定下一年完成一個大滿貫賽事的目標。後來也參加了2024年4月的倫敦馬拉松。本來想再次取得更佳成績，沒想到在3月時又再次感染新冠，不單身體狀況變差，訓練計畫也只能暫停。可幸是比賽前能康復並如期前往倫敦比賽。倫敦的群眾也是異常熱情，奈何狀態受到了不少的影響，最終也未能打破個人最佳。

沒想到五年裡的幾次長跑居然都受到疫情所影響。這世界也與疫情出現前截然不同了。

一個觀眾的表演

與女兒的吉他老師有過一次簡單但有意義的合奏後，甚是滿足的。雖然自知水準和老師相差甚遠，我還是硬著頭皮問了老師有沒有和他公開合奏的機會。沒想到他說這種機是經常有的，而且還是在我蠻熟悉的地方，那就是故事裡提及的，我被低音提琴手轟下台的爵士樂俱樂部。

老師說的機會是幾個月一次的即興演奏。我就在不久前的一個週日一人到了這個俱樂部準備參加。要參與即興演出，樂手必須把自己要演出的曲目和樂器寫在一張白紙上登記和排隊。雖然是週日的晚上，俱樂部裡面還是座無虛設。這裡的觀眾對爵士都有一定的喜愛和瞭解，也不乏會彈奏樂器的人士。在我的表演前也有其他即興表演者，他們的水準都接近專業水準。我在台下等待時心情特別忐忑，擔心會不會和上次一樣會被請下台。

突然身兼主持人的老師喊出我的名字，我緩緩從台下的小圓桌站起來，拿著鼓棒走到台上。坐上鼓凳後我就按我心裡的速度敲打鼓棒，四拍後我們就演奏起我選的Autumn Leaves了。這首經典樂曲也是當年被震撼教育後立志要學會的，所以也會偶有練習。整首曲超過五分鐘，我的目的就是要保持穩定的節奏而且要打出swing（爵士樂搖擺）的感覺。我的左腳要一直穩定的踩hi-hat（腳踏鈸）的腳踏板，右腳要輕輕地一直打擊著bass drum（大鼓），右手則要一直以swing的節奏打ride（疊音鈸）。樂曲的開頭和結尾我要用brush（鼓刷）製造更鬆弛的感覺，而中間則要切換到鼓棒以稍強的節奏來配合

其他樂器solo（獨奏）的部分。 整首曲子在適合的位置我需要即興地用打擊snare（軍鼓）來做comping（配奏）來為曲子添加色彩。我的鼓加上老師的吉他以及低音提琴和鋼琴奏出的樂章充斥著整個碩大的表演空間。 我從開始的緊張慢慢地放鬆下來，甚至還有短暫的flow（沉浸）的感覺。這種完全忘我的狀態和幾年前濫竽充數的演奏完全是兩種感覺。 就在樂曲過了一半左右，其中一位觀眾還即興到了台上要做主唱， 我想我們的表現應該還是不錯的。 當然其他樂手的專業演奏是功不可沒。對我而言沒有亂了節拍而且讓觀眾聽到有想跳舞和唱歌的心情就已經是成功了。

　　歌曲完畢，台下的陌生觀眾響起了掌聲，我也如釋重負。結束後和演奏的樂手閑聊，他們還叫我有空多來一起即興表演。也許他們是出於客套，但顯然我沒有成為像幾年前那樣的不受歡迎人物。有了這次不錯的經驗，我以後還想繼續嘗試這種即興表演。下次希望有更大的勇氣和更深的造詣可以來一小段獨奏。

終於踏上之前黯然離開的舞台

最後一名的光榮

　　相較於馬拉松，鐵人三項是一項對身體各部更均衡的耐力挑戰，對上了年紀的運動愛好者是值得推薦的，所以這項運動我也打算持之而行。而且奧運距離或半奧運距離其實對體能要求比一個全馬要少，所以要提前準備的時間也較短。

　　最近一次參加就是在比賽的一、兩個月前才報名的。這次賽事我也特意叫女兒在終點前等著，這樣我就可牽著她一起衝線了。上一次牽著她一起衝線已經是六年前了。我問她記不記得六年前她三歲多時和我衝線的情形，她居然說還記得。要知道我們三、四歲時的記憶都是模糊不清的。因為手機的普及，現在的小朋友拍照和看照片的機會比我們成年人小時候時多得多，小孩們對小時候的記憶也會因長大期間偶爾看到回放的片段而變得較為清晰。這樣看來，對現在的父母

（左）女兒三歲時一起衝線。（右）六年後再一起。以後是她牽著我衝線了

（左）老字號和在門口排隊的家人們
（右）故事商店和女兒以及我們的作品合影

來說，在兒女小時候多給一些美好和正面的回憶更見重要。

愛好的奇妙旅程

　　四年前的一個和愛好相關的想法，讓我和一條百年傳奇街道結緣了。後來有個兒童電視節目也訪問了我這個週末畫家，我這個愛好也多了一些大眾的認識。 在2024年的春天，繼疫情時的那一次畫展後，又有機會在大眾面前展出作品。愚園路上的「故事商店」每月都有一些小型的快閃展覽，每一次都會主打一位藝術家，而藝術家還

可以在商店售賣自己創作的作品。 這次我被邀請辦一次快閃展，又再次成為短暫的藝術家，把在愚園路上畫過的十多副作品展出。我也找了女兒用平板電腦共創了漫畫人物「願望兔」，並與我的畫作做crossover（混搭）成為商品在商店售賣。我們把售賣商品的款項捐到一個專門向基層人員的孩子提供課外活動的慈善機構。 款項雖然不多，但想到這個愛好能幫助一些小朋友探索和發展自己的愛好，心裡還是覺得非常的感恩。

在本書準備出版的最後階段適逢我爸媽的結婚60週年鑽石婚的紀念。在此之前我想到既然已經送了那麼多畫作給本來不認識的店主，何不也畫一幅畫送給自己的父母？如果要沿用我畫店鋪的風格的話，要選一家店鋪出現在畫中，也就只有一家在香港的老字號合適了。那是一家父母在結婚前就已經光顧的麵家，也是我從小就常去，到現在每次回家都會拉著爸媽一起去的食肆。 畫完後我用了不同的途徑找到麵家的第二代傳人，一方面想把畫好的畫送給她，一方面也希望她能在我要給父母作為鑽婚禮物的畫上題一些祝福語。 她欣然接受我的請求。我也得知她正策劃一本關於這傳奇店鋪的紀念書籍，她也希望我的畫能出現在其中。我也欣然答應了。

寫到這裡就想到Ikigai 一書裡談及的四個方面：你喜愛的、你擅長的、人們需要的、還有人們願意付費的。如果找到一樣事情都能符合這四項的，那就是書中所說的ikigai （漢字： 生き甲斐），能為你帶來滿足、快樂和意義。

推薦書籍

　　這裡列出了一些和本書有關的推薦書籍，有一些是比較熱門的世界名著，有一些則是較小眾的作品。總之會對你的心願達成之旅有更多的啟發。

《Mindset: The New Psychology of Success》（心態致勝）
Carol Dweck 卡蘿・杜維克

一本關於心智的著名著作，作者是史丹佛大學的心理學教授。書中提及很多關於成長性心態對兒童和成人的作用的研究和案例。心態對人的成長和成就有極大影響。《平衡與快樂》的推薦人蘇珊麥基女士正是杜維克教授心智研究小組的重要成員。

《Build the Life You Want: The Art and Science of Getting Happier》（打造你要的人生）
Arthur Brooks, Oprah Whinfrey 亞瑟・布魯克斯，歐普拉・溫芙蕾

哈佛商學院教授與媒體巨星的合著書籍，裡面有淺白易懂的心理學知識和歐普拉的個人經驗。布魯克斯教授說到快樂的幾個要素：享樂（除了歡愉，還有分享和美好記憶）、成就感和人生意義。如果我們多做和這幾方面相關的事，我們的快樂感就會增加。

《Find Your Why》 （找到你的為什麼）
Simon Sinek, David Mead, Peter Docker 賽門・西奈克，大衛・米德，彼得・道克

Simon 的 Golden Circle 演講是 TED 中最多人觀看的演講之一。後來相關著作 Start With Why 成為全球商務的暢銷書。這本 Find Your Why 花了更多的篇幅說明個人的為什麼，也就是人生的意義。

《How to Stop Worrying and Start Living》 （人性的優點）
Dale Carnegie 戴爾・卡內基

卡內基的經典之作。書中提供了減少憂慮的多種方法。少點憂慮，睡得更好。

《The Courage to be Disliked: The Japanese Phenomenon that Shows You How to Change Your Life and Achieve Real Happiness》（被討厭的勇氣）
Ichiro Kishimi, Fumitake Koga 岸見一郎，古賀史健

本書透過個學生和老師的對話，闡述知名心理學家阿爾弗雷德・阿德勒 的理論。書中說了人的過去怎麼影響自己是我們自己的決定，不開心也是因為我們自己決定的。我們不要為了討好別人，要有勇氣讓自己快樂。

《Power of Habit：Why We Do What We Do in Life and Business》
（為什麼我們這樣生活，那樣工作？）
Charles Duhigg 查爾斯・第希格

養成習慣的經典書籍之一。裡面提及的習慣循環的概念，並把養成習慣的步驟分解，幫助讀者更快養成新的好習慣。

《Atomic Habits: An Easy & Proven Way to Build Good Habits & Break Bad Ones》 （原子習慣）
James Clear 詹姆斯・克萊爾

另一本和養成習慣相關的好書。裡面提到習慣堆疊等概念，助讀者早日養成良好習慣。

《The Fast Metabolism : Eat More Food and Lose More Weight》
（越吃越瘦的新陳代謝飲食）
Haylie Pomroy 海莉‧潘洛依

嶄新的，經過驗證的減肥方法。只要按照書中的吃法，不用挨餓，一個月後就有明顯的減重和減脂效果。

《Stress: the Psychology of Managing Pressure》
Diane McIntosh, Jonathan Horowitz

非常容易閱讀的小書，解釋壓力，擔憂，焦慮和恐懼等心理情況，其來源和一些解決方法。對良好睡眠和正面的生活態度都有幫助。

《Outlive: the Science and Art of Longevity》 （超越百歲）
Peter Attia 彼得‧阿提亞

由一位在麥肯錫做過顧問的前醫生撰寫的關於人類如何延年益壽的書籍。裡面有很多有趣的故事和豐富的研究結果，針對長壽這個課題提供了很多資訊和啟發。

《Ikigai: the Japanese Secret to a Long and Happy Life》 （生之意義）
Hector Garcia, Francesc Miralles 赫克托‧加西亞，法蘭西斯科‧米拉萊斯

本書源於一個關於對全世界最長壽人群的調查。長壽的方法，除了吃得對和少憂慮，還要找到有意思的事做以及要有夥伴們相隨。

《Why We Sleep: Unlock the Power of Sleep and Dreams》（為什麼要睡覺）
Matthew Walker 馬修‧沃克

研究和分析睡眠這個對人類最重要的活動。書中深度說明睡眠對健康的重要性，看完我們再不敢輕易熬夜了。

《The 5AM Club: Own Your Morning. Elevate Your Life》
Robin Sharma

很多成功人士都有早起（和早睡）的習慣。這本經典著作以幾個虛構的主人翁引人入勝的故事，帶出早起能為我們帶來的好處，也給出很多值得嘗試的方法讓我們有更多正能量。

《Think and Grow Rich》（思考致富）
Napoleon Hill 拿破崙・希爾

個人成長書籍的鼻祖，第一版初版於 1937 年，李小龍也是這本書的讀者。 書中說到正面思維對人的成長和成功的重要性。好的心態是好事的開始。

《Spartan Fit: 30 Days. Transform Your Mind. Transform Your Body. 》
Joe De Sena

斯巴達賽事的創始人親自編著的書籍，書中提到斯巴達賽的起源，以及其倡導的精神。 書中還有一個 30 天的鍛煉計劃，對想強身健體或者準備斯巴達賽事的朋友都會有幫助。

《Micro Mastery: Learn Small, Learn Fast, and Unlock Your Potential to Achieve Anything》
Robert Twiggger

書中介紹了多種技藝和挑戰。有些技藝對很多人可以說是多餘和無聊的，但對另一些人卻有啟發作用，並把一些內容作為自己的心願。心願不管大小，有意思的就行。

《The Non-Runner's Marathon Trainer》
David Whitsett, Forest Dolgener, Tanjala Kole

對第一次跑馬拉松的人來說，完賽就是目標。書中給出一些最簡單的訓練計劃，讓讀者可以完成人生第一個馬拉松。

《Running a Sub 3:30-HR Marathon》
Josh Muskin, Kelvin Love

這是一個對完成馬拉松有時間要求的跑者可參考的訓練計畫。如果能完全按照書中的 18 週訓練計畫對破三小時 30 分這高標準時間應該問題不大，但就算跳開部分練習，按照計畫的百分之八十完成，也應該能破四。

感謝所有推薦人、以及商周參與過此項目的同事

感謝所有為本書提供真實故事的朋友

感謝一起和我經歷疫情時幾個故事的家人

感謝女兒為這本書插畫和太太的支持及包容

感謝爸爸媽媽和兩位姐姐

國 家 圖 書 館 出 版 品 預 行 編 目 (CIP) 資 料

平衡與快樂：發現達成心願的方法和意義 / 張世橋作. --
初版. -- 臺北市：商周編輯顧問股份有限公司, 2024.12
　面；　公分
ISBN 978-986-7877-46-8(平裝)
1.CST: 自我實現 2.CST: 成功法
177.2　　　　　　　　　　　　　　　　113019431

平衡與快樂

發現達成心願的方法和意義

作者｜張世橋
插畫｜張司妍
書名手寫字｜張世橋
專案統籌｜董育君
特約編輯｜王盈雅
美術設計｜張堃宇

出版單位｜商周 商周編輯顧問股份有限公司
網址｜www.businessweekly.com.tw/bwc/
地址｜台北市南港區昆陽街 16 號 6 樓
電話｜02-2505-6789　分機 5531
傳真｜02-2500-1932

ISBN ｜ 978-986-7877-46-8
定價｜新台幣 450 元
2024 年 12 月初版